JN269245

THE SECRETS OF THE "TREASURE MAP"

MAKING 90% OF YOUR DREAMS COME TRUE

9割夢がかなう

宝地図の秘密

望月俊孝 著 Toshitaka Mochizuki

中経出版

ここに、

「将来、自分のレストランをひらきたい」

と夢を持つ、

「凡太くん」と
「夢男くん」がいます。

レストランをひらく夢を持った二人

凡太の場合
Menu
なんか カッコいい!!
レストラン
ガイド100

自分のレストランを
ひらこう!

夢男の場合
お客様の笑顔が見たい!
最高のおもてなしをしよう!
とっても
おいしかったです
Menu

考えるだけの凡太と「宝地図」を作った夢男

オシャレな店がいいなあ
アジアン?
イタリアン?
有名人にも来てほしいな
レストラン企業

レストランマネージメントのクラスにも行ってみよう
宝地図で夢を具体化。行動力とやる気アップ!
2012年 自分のレストランをひらく!!
人気のエリアでイタリアンレストラン
貯金をする
たくさんの人を笑顔にする

それから３ヵ月後に変化が……

ちょっとした行動の差が大差を生む

何が問題？

夢実現おめでとう！

同じ夢を持っていても、
なんとなく頭の中でイメージしているだけの凡太くん。
イメージしていた店を写真にして
1枚のボードに貼りつけて
「宝地図」を作っていた夢男くん。

「宝地図」を毎日ながめて
夢に囲まれた生活をしていると
願い事がかないやすくなるのです。

あなたも一緒に、
「宝地図」を作ってみませんか?

はじめに

「宝地図」は、3拍子揃った画期的な夢実現法

あなたに、3つの質問があります。「イエス」か「ノー」でお答えください。

・あなたは、ワクワクする夢を持っていますか?
・その夢は、かなうと信じていますか?
・夢をかなえる途中も楽しむことができますか?

もし、答えがすべて「イエス」なら、本書は必要ないと思います。ですが、「ノー」があったり、「イエス!」と自信を持って答えることができないなら、本書は大いに役立つでしょう。本書との出合いによって、人生を劇的に変える可能性があります。

なぜなら、本書でお伝えする「宝地図」は、

①誰でも簡単にできる
②楽しく続く
③効果が高い

と、「3拍子揃った夢実現法」だからです。

「宝地図」を作るのに必要な時間は、たったの1、2時間。「宝地図」を作ったら、あとはニコニコしながら「宝地図」をチラッとながめて楽しめばいい。

たったそれだけのことで、毎日の生活にハリが出て、やる気と情熱と感謝が湧き上がり、アイデアと行動力にあふれ、いつのまにか夢がかなうのです。

「そんなバカな」「そんなうまい話があるわけないだろう」と思われた方もいることでしょう。その気持ちもよくわかります。

ですが、私をはじめ「宝地図」を作った多くの人が、「心に宿した大きな夢」を見事にかなえています。

・頸椎《けいつい》骨折という瀕死の状態から、奇跡的に社会復帰！
・発達障害を乗り越えて活躍し、のちに著書を上梓！
・理想のパートナー26項目の条件にピッタリの男性とめぐりあい結婚！
・親子で合計43kgのダイエットに成功！
・憧れのメンターに弟子入りし、ライフワークで起業に成功！
・自信喪失の営業マンが、念願の独立を果たし、年収7億円の会社社長に！

これは、ほんの一例にすぎません。「宝地図」の効果によって、多く人が、じつに**「9割以上の夢」をかなえている**のです。

どうして「成功法則」は継続できないのか？

ところで、昔から、多くの成功者や一流の人たちは「成功法則」や「成功の秘訣」を解き明かしてきました。たとえば……、

・燃えるような夢を持ち、積極思考で、断固として行動する
・計画を立て、達成期日を設定し、進捗状況を確認し、改善し続ける
・成功した自分の姿をストーリーにし、毎日声に出して唱える

など。こうした方法は、たしかに効果的です。ですが、問題点もありました。実践すれば効果が高いことはわかっていても、「継続しにくい」のです。

では、具体的にどんな点でつまずいてしまうのでしょうか？

①最初から、夢の実現をあきらめている。自信がない
②夢が明確でない。はっきりとイメージできない
③やる気や情熱が長続きしない
④具体的な行動に結びつかない
⑤日々の忙しさに目標を忘れてしまう。ときどきしか思い出さない
⑥能力やセルフイメージが、夢にほど遠いと思ってしまう
⑦努力が苦痛をともなう。効果が上がらない方法をただ繰り返してしまう

⑧忙しい中で、夢実現に取り組む時間がとれない。習慣化できない
⑨成果が感じられない。成果が出るまで信頼して待つことができない
⑩積極思考とっても、金なし、知恵いなし、人脈なしを突破できない

ざっと見ても、このような点が挙げられます。そして、こうした問題点を自然に、無理なく解消するのが「宝地図」なのです。

「宝地図」は誰にでも簡単にできて、しかも続けやすく、効果も期待できるため、日本一の個人投資家・竹田和平さんやベストセラー作家の本田健さんなど、各界の著名人のみなさまから高い評価をいただいています。

私は20年にわたり、自己啓発、成功法則の研究に1億円以上の費用を費やしてまいりました。そして、わかったこと。

「宝地図」は数ある願望実現のテクニックの中で、もっとも手軽で、潜在意識へのアピール力が非常に強いツールだと実感しています。

【「宝地図」には、こんな効果がある！】

●イメージが明確になり、潜在意識に働きかけることができる
●努力している感覚がなくても、無意識のうちにアイデアが湧く
●行動や思考が夢に沿うようになって、行動に無駄がなくなる
●心から実現したい夢が見つかる
●夢や目標が身近に感じられるようになり、夢を引き寄せやすくなる

私が「宝地図」に出合ってから20年。その後、22万人以上の方々に夢実現やライフワークのサポートを行なってきました。

その間、私自身もメンターから学び、多くの方々の体験などを取り入れ、最新のノウハウも盛り込み、今、こうして「宝地図」の決定版となる本書を出版することができました。長い不況と先の見えない今だからこそ、未来に希望を持ち、夢を思い描き、お互いに応援し合うことが重要だと思います。

それではさっそく、「宝地図」についてご説明していきます。あなたの夢を引き寄せる魔法のツールとして、ぜひ「宝地図」を活用してください。

望月俊孝

すぐできる！自分に合った「宝地図」を作ろう！

「宝地図」は、左ページにあるように、5つの方法で作ることができます。自分の目的に合った、作りやすい「宝地図」からはじめてみましょう。

簡易版・宝地図 ▶▶▶ 76ページへ

ぼんやりと夢を持っている人

なんとなく夢を持っている人は、まずはノートやカレンダーの裏紙に目標を書いてみましょう。書いた内容に合った写真を貼ると、だんだん自分の夢が明確になります。

1秒宝地図 ▶▶▶ 84ページへ

いつも忙しい人

必然的に目に入る、携帯の待ち受けやパソコンのデスクトップなどに実現したい夢のシーンを貼りつけるだけ。無意識に頭の中に夢がインプットされます。

基本版・宝地図 ▶▶▶ 124ページへ

しっかりと夢を持っている人

すでに自分の夢を持ち続けている人は、コルクボードを買って、基本版を作ってみましょう。夢の実現が加速します。

デイリー宝地図 ▶▶▶ 220ページへ

試験勉強など、毎日、覚えることがある人

受験や資格試験で覚えることが多い人は「デイリー宝地図」を作ってみましょう。数値化した目標を毎日書き換えることができます。

宝地図ムービー ▶▶▶ 272ページへ

音楽と映像で夢を楽しみたい人

音と映像で自分の夢を表現できます。友人と自分の夢を共有し、分かち合える楽しい方法です。

簡易版・宝地図

世界を股にかける
ビジネスマンになる!
エネルギッシュな
人生を!
昨日より今日,
成長するために

紙とペンと写真さえあれば「宝地図」は今すぐ作れる

Ａ１のコルクボードがなければ、模造紙やカレンダーの裏などを使って「宝地図」を作りましょう（76ページ）。

自分が最高だと思う笑顔の写真がなければ、手元にある写真でもかまいません。「夢をイメージさせる写真」が1枚だけあればいいでしょう。

それすらなければ、夢と期限を文字で書くだけでもいいでしょう。

やることはシンプルですが、効果はミラクルです。

1秒宝地図

元気と幸せのスイッチが入る「1秒宝地図」

成功者は幸せや元気になるものをまわりにたくさん置き、最高の状態を保つように努力しています。それが成功の秘訣です。

リビング、寝室、トイレ、オフィスなどに「夢や目標を具体的にイメージできるもの」を置くのも、立派な「宝地図」になります（84ページ）。

目にする時間は「わずか1秒」かもしれませんが、日常的に何度も目にしているうちに、潜在意識に夢がインプットされ、成功脳になっていきます。

基本版・宝地図

夢を人生のペースメーカーに

夢を最優先にして、時間とエネルギーを注ぎ込めば、望み通りの人生を生きることができます。そのためには、夢を忘れずに常に意識することが大事です。「宝地図」は、大きめのコルクボード（A1サイズ／60×90㎝）の中心に自分の笑顔の写真を貼り、そのまわりに「夢」や「目標」「幸せ」と感じる写真を貼ります（124ページ）。「宝地図」をながめていると、やる気と情熱が生まれ、夢に挑戦する行動力にあふれてきます。

宝地図ムービー

「音楽」「言葉」を動画にして、夢や幸せを実現

携帯電話やパソコンを使って、「宝地図」の動画バージョンを作ってみましょう（272ページ）。

「宝地図ムービー」は、夢実現の最強ツールです。

「宝地図ムービー」は、「宝地図」に「動画と音楽」を加えることで、夢が本当にリアルなものとして意識と潜在意識に浸透します。したがって、爆発的な行動力が生まれるのです。

「宝地図」と併用すると、さらに効果がアップします。

THE SECRETS OF THE "TREASURE MAP"
MAKING 90% OF YOUR DREAMS COME TRUE

9割夢がかなう宝地図の秘密

目次

第1章

「宝地図」がもたらす8大効果

第2章 「宝地図」を作成するための8つのステップ

Contents

第3章

毎日ながめるだけの「1秒宝地図」

第4章

実践 夢をかなえる「宝地図」

Contents

第4章

第5章 「宝地図」で夢をかなえた人、幸せになった人の物語

Contents

第6章

「動画」と「音楽」を使った「宝地図ムービー」

第7章

「宝地図」8つのQ&A

Contents

装丁：重原 隆　イラスト：百花ミナオ
本文デザイン：斎藤 充（クロロス）
編集協力：藤吉 豊、柴山幸夫、小川真理子（以上 クロロス）、岸並 徹

「著作権」について

「宝地図」・「宝地図ムービー」には、写真や音楽を使用しますが、これら写真や音楽には著作権が発生します。

【写真データについて】

個人で見る場合や、家族などの非常に親しい人に見せるのが目的の場合は、どのような写真データを使用しても基本的には著作権の問題はありませんが、
①ホームページ・ブログ・動画共有サイトなどに掲載する場合
②多くの人の前で上映する場合
③有料・無料を問わず誰かに譲渡する場合
④会社で作成する場合
⑤営利目的で作成する場合
は、自分で撮影した写真データを使用するか、市販の画像素材などの「著作権フリー」の写真データを使用許諾条件に従ってご利用ください。

【音楽データについて】

個人で見る場合や、家族など非常に親しい方に見せるのが目的の場合は、あなたが所有しているどの音楽データを使用しても、基本的には著作権の問題はありませんが、
①ホームページ・ブログ・動画共有サイトなどに掲載する場合
②多くの人の前で上映する場合
③有料・無料を問わず誰かに譲渡する場合
④会社で作成する場合
⑤営利目的で作成する場合
は、市販の音楽素材などを各使用許諾条件に従ってご利用ください。

以上、著作権を遵守しながら、ご自身の判断と責任において作成してください。

本書の内容をもとに「宝地図」・「宝地図ムービー」を作成し、もし、「著作権」の侵害などに抵触した場合でも、著者、ならびに出版社は責任を負いかねますので、あらかじめご了承ください。

(著作権に関する詳細)
社団法人著作権情報センター　http://www.cric.or.jp/
社団法人著作権情報センター　コピーライト・ワールド
http://www.kidscric.com/

THE SECRETS OF
THE "TREASURE MAP"
MAKING 90% OF YOUR
DREAMS COME TRUE

第1章

「宝地図」がもたらす8大効果

夢や願望をありありとイメージすれば、それは現実となる

成功者の頭の中には「宝地図」が入っている

「夢や願望をありありとイメージできれば、それはやがて現実となる」

成功者の頭の中には、「明確な夢」やその夢を実現するための「道しるべ」（＝「宝地図」）が入っています。

彼らは、「夢や願望をすでに達成したかのように」感じることができるためワクワクしながら行動できます。たとえハプニングが起こっても、多少遠まわ

望月俊孝の現在の「宝地図」

りになったとしても諦めないで、夢に挑戦し続け、やがて夢を現実にすることができるのです。

しかし、普通の人は、実現してもいないことをありありとイメージすることができません。ではどうしたらそのようなイメージを描き、実現することができるのでしょうか?

私が提唱しているのは「インパクトが強いワクワクする夢を形にして、いつも目に見えるところに飾って、繰り返しながめる」ことです。そうすれば、**成功者の頭の中で起こっていることと同じことがあなたにも起こるのです。自然に成功脳・幸せ脳ができ上がっていくのです。**

世界初の有人動力飛行に成功したライト兄弟、インド建国の父といわれるマハトマ・ガンジー、はじめて月に人類を送ったジョン・F・ケネディ、アメリカ公民権運動の指導者マーチン・ルーサー・キング、貧しい人々に限りない愛を注いだマザー・テレサ、世界中の人がパーソナル・コンピューターを手にすることを夢見たビル・ゲイツ。

多くの人は、「偉大な成功者」と「一般人」には、埋められない大きな能力差があるように感じています。しかし実際は「ほんの少しの差」しかありません。

それは、

・**「消そうとしても、消すことができない夢を持っている」こと**
・**「その夢や目標がリアルに思い描ける」こと**

です。

そして、成功者が自然にしていることを、世界で一番簡単に行う方法こそが、「宝地図」なのです。

夢や願望を潜在意識に刷り込ませる

夢の実現には「潜在意識の力」が不可欠である

「宝地図」は、あなたの夢をあらわすポスターのようなものです。

具体的には、**コルクボードや模造紙などに、あなたの「夢の実現」や「理想の自分」をイメージさせる写真や言葉を並べ、**漠然と抱いていた「夢」や「幸せ」を目に見える形にしたものです。

「宝地図」を繰り返し見ていると、自分にとって本当に必要なものが「潜在意識」にインプットされます。

「宝地図」は、「潜在意識」に働きかける

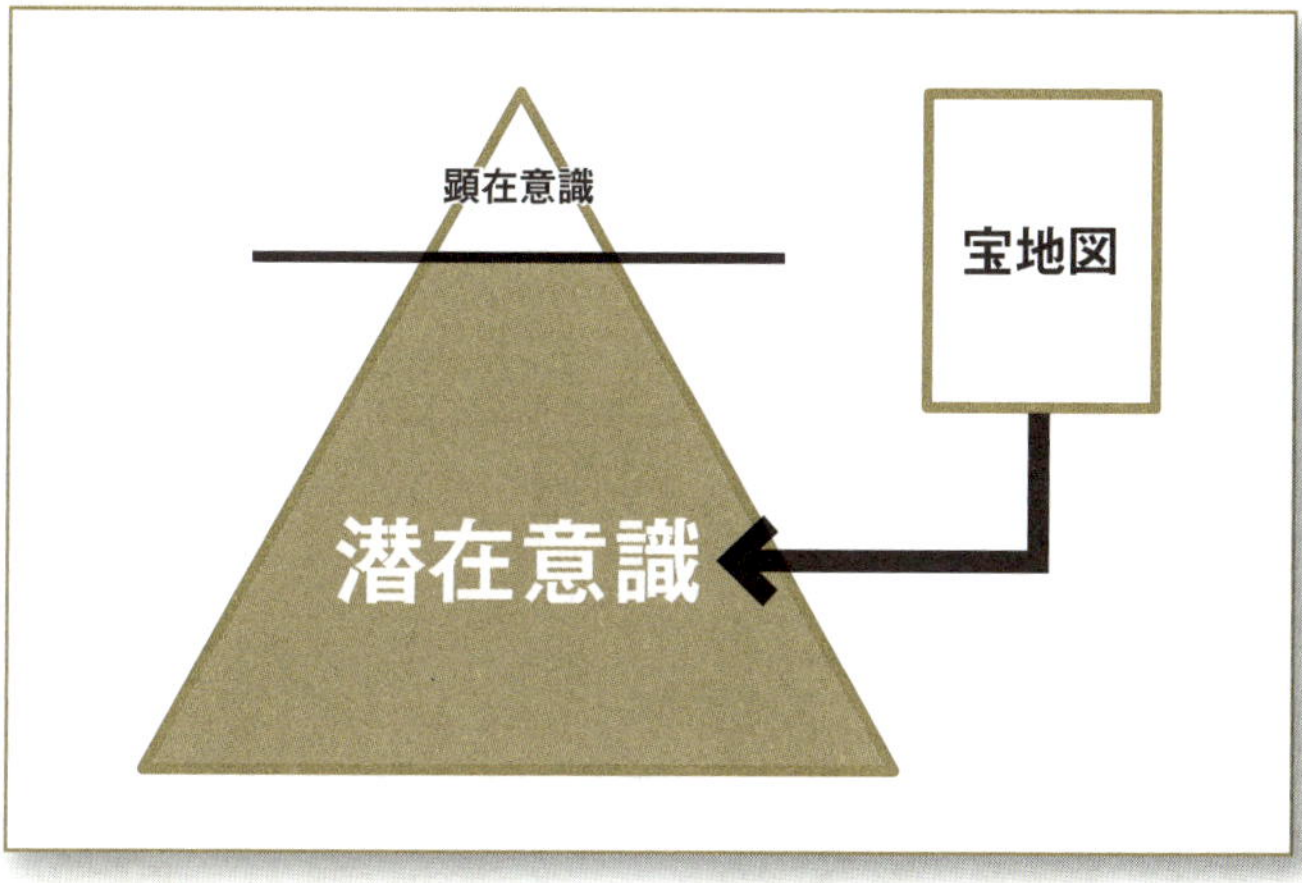

今まで見過ごしてきたチャンスやヒントがたくさん飛び込んでくるようになり、自然と夢がかないはじめます。

「意識」には「顕在意識」（表にあらわれた意識）と「潜在意識」（自覚されない意識／無意識）があり、「海に浮かぶ氷山」にたとえられます。

・海面から出ている部分＝顕在意識
・海面下に隠れている部分＝潜在意識

表に出ていない「潜在意識」のほうが圧倒的に大きいため、夢をかなえるためには、「潜在意識の力」が不可欠

です。
夢や願望を潜在意識に刷り込むことができれば、夢の実現へ向かう強い力が発揮されるでしょう。

「宝地図」ができたら、

・リビングや自分の部屋に飾る
・携帯電話の待ち受け画面にする
・パソコンのデスクトップに取り込む
・縮小コピーしてカバンの中に入れておく
・手帳に貼っておく

などして、**「1日に何度も見る」**ようにします。
こうすることで、夢のイメージがどんどん明確になっていくのです。

人は、日々さまざまなことを考えますが、そのほとんどをすぐに忘れてしまいます。

しかし、「強くイメージする」ことによって、**あなたの潜在意識が「夢の実現」を引き寄せてくる**のです。

どん底だった人生が、わずか3年で大逆転！

私が「宝地図」を本格的にはじめたのは、今から20年ほど前のことです。

当時の私は、多額の借金を抱えたうえ、突然リストラに遭い、健康まで損なう絶望的な状況に身を置いていました。

ちょうどそのころ、『ポジティヴ・シンキング』（シャクティ・ガワイン著）という本の中に「トレジャーマップ」（宝の地図）という夢実現方法が5ページほど紹介されているのを知りました。

「これだ！」と思ってさっそく作り、応用していくと、やる気と行動力が高まり、次々と幸運に恵まれていきました。

そして、わずか3年で、「宝地図」に描いた夢がすべてかなってしまったのです。借金を完済。全身のアトピーが治り、セミナールーム付きの家を建て、全国で講演会を開催し、著書を出版……。その後も毎年のようにリニューアルし、さらに多くの夢をかなえています。夢をはっきりと思い描き、その実現に向かって一歩を踏み出していけば、誰でも夢はかなえることができる……。自分の体験や多くの「宝地図」の実践者を通して、そう実感しています。

「宝地図」を実践すると、少しずつ、**心や行動が変化し、やがてあなたの人生が大きく変わりはじめます。**

では、どうして「宝地図」を飾ると夢が実現するのでしょうか？「宝地図」がもたらす「8大効果」について説明します。

望月俊孝がかつて作った「宝地図」

第１章
「宝地図」がもたらす
８大効果

効果１

夢や目標を「写真」や「言葉」にすることでイメージが明確になる

絵や写真は言葉の100倍以上の影響を脳に与える

夢や目標は語ったり書いたりするだけでも、夢の実現が近づきます。しかし、さらに**写真や絵を使ってビジュアル化して見れば、その効果はより絶大**です。

「百聞は一見にしかず」といいますが、絵や写真は、文字や言葉に比べて100倍以上の影響を与えるといわれます。目の前の情景を言葉だけで伝えるのは大変ですが、写真を1枚撮って送れば簡単に伝わります。

イメージが明確になれば、「夢を実現しよう」という情熱が強まり、しかも長続きします。

感情をともなったイメージを刷り込むことで、人間の意識の90％以上を占めるといわれる「潜在意識」を活用することもできるようになります。

効果2

夢の実現に役立つ「情報」や「ヒント」を引き寄せる

聞き逃していた情報が必要な情報として認識される

「宝地図」を毎日見て、**夢や目標が潜在意識に刻み込まれると、無意識のうちに夢や目標の実現に役立つ情報に敏感になります。**

すると、「知りたいと思っていたこと」が偶然見つかったり、むずかしくて理解できなかったことが突然わかったりすることもあります。

私たちの脳は、夢や目標があると「どうしたら実現するだろうか?」と考えはじめます。そしてその答えを探し続けます。いつでも、どこでも、何をしていても。

「宝地図」を見続けていれば、その効果が一層高まります。

やがて、あなたの行動や思考、感性は、夢をかなえるチャンスを見逃さない「夢実現体質」になっていくでしょう。

第１章
「宝地図」がもたらす
８大効果

効果３

夢実現のための「情報の取捨選択」ができ、行動に無駄がなくなる

夢に向かって効率よく生きられるようになる

夢が潜在意識に刻み込まれて、そのイメージが明確になると、たくさんの情報を「夢の実現に役立つのか？」「自分の人生の目的に沿っているか？」という観点から見られるようになります。

その結果、**情報の取捨選択が上手にできるようになるので、行動に無駄がなくなります。**行動に無駄がなくなると、余計な出費や活動が減って、夢に向かって合理的に生きていけるようになります。自分の夢の追求に集中する人生が送れるようになるのです。

夢を追い求めていると、「自分のことばかり考えていて、ほかのことには目もくれない人になるのでは？」と考える人もいるかもしれません。

しかし、「宝地図」が人生を深く見つめる機会を与えますので周囲との調和を考えることもできるようになります。

第１章
「宝地図」がもたらす
８大効果

効果4

自然に「アイデア」が湧いてくる

いつの間にか「アイデア体質」に変わっていく

役に立つ情報を取捨選択して蓄積できるようになれば、**「夢の実現に役立つアイデア」もどんどん湧いてきます。**

「夢に集中しているからこそ、アイデアが湧いてくる」と言う人もいます。ですが、「宝地図」を見て夢に対するイメージが明確になれば、「どうしたら実現できるか?」と考え、自然にアイデアが出てくるようになるのです。

たとえ、まだアイデアが出せるレベルになっていない場合でも、「宝地図」を作って夢のことを考えていれば、それを実現させるためのヒントに気づきやすくなってきます。意識しなくても、いつのまにか「アイデア体質」に変わっていくのです。

効果５

「本当に実現したいこと」が わかり、 人生の「中心軸」が 見つかる

自分が大切にしたい価値観が見えてくる

「宝地図」を見ながら毎日、夢や目標のことを考えていると、本当に実現したいことだけが心に残ります。

表層的な願望ではなく、**「自分が本当に実現したい目標」が何かわかる**のです。

一度掲げた夢を追い続けるのも大切です。

しかし、ときにはそれが本当に幸せにつながるものかどうかを考えることも必要です。これを続けると、本当に自分が求めていることや大切にしたい価値観が見えてきて、人生の中心軸が明確になるからです。

人生のよりどころとなる中心軸がはっきりすれば、迷いのない人生を送ることができます。たとえスランプに陥ったときでも、すぐ立ち直ることができるでしょう。

効果6

「セルフイメージ」が高まり、能力を最大限に引き出せる

「大きな夢にふさわしい自分」になれる

「宝地図」を毎日ながめていると、はじめは「自分には望みが大きすぎる」と思える夢でも、なんとなく自然な感じに思えてきます。これは、**セルフイメージが高まったため**です。

セルフイメージとは、自分にふさわしい、ちょうどいいと思うイメージのこと。セルフイメージが低いと、チャンスにも身を引いてしまいがちです。夢を実現するためには、自分がその夢にふさわしいと思えるまでにセルフイメージを高めることがとても大切なのです。

「宝地図」を見て目標を実現した状態を明確にイメージすると、自分の中にそのイメージがしみ込んでいきます。また、夢が身近に感じられ、セルフイメージも高まるのです。セルフイメージが高まれば、自分の能力を最大限に引き出すこともできるようになります。

効果７

「心」が変わり、「態度」や「行動」が変わり、努力することが習慣化する

努力をすることが苦にならなくなる

夢を実現するためには、今までの自分の心のあり方や態度、行動などを変えるのが効果的です。むずかしそうに思えるかもしれませんが、「宝地図」を使えば意外と簡単です。

「宝地図」を見てワクワクしていると、夢の実現への欲求が高まり、そのための努力をすることが苦しいとは感じられなくなってくるのです。

考え方や行動も変わり、それが習慣化していきます。勉強したりトレーニングしたりすることも、ちっとも苦ではなくなります。

努力することが習慣化されれば、夢に向かって段階的に小さな目標をクリアしていくので、達成感を味わうこともできます。

そして、それを積み上げていくうちに、気がつけば夢が実現しているのです。

効果８

自分を応援してくれる人が たくさん現れ、「人脈」にも恵まれる

夢に向かって努力していれば人が集まってくる

夢のイメージが明確になり、人生の価値観がはっきりすると、今、何をしたらいいか、どんな人に会ったらいいか、どんな協力が必要かもわかってきます。

そして、夢を持っている人やあなたの夢に関心がある人たちが、あなたのまわりに集まってきます。

魅力がある人や応援したいと思っている人でも、その人がどんな夢や目標を持っているかわからなければ、応援しようがありません。

また、夢が明確になると人の才能や素晴らしい点を見出す目も磨かれるので、人を応援し、夢をかなえるお手伝いも自然にできるようになります。

するとあなたが応援した人たちから、今度は応援されるようになります。

Essay of the Treasure Map
「夢実現」にまつわるエッセイ
1

あなたはドリーム・メーカー？ドリーム・キラー？

あなたはドリーム・メーカーですか？　それともドリーム・キラーですか？

ドリーム・メーカーとは、「夢はきっとかなう」と信じ、まわりの人を応援し続ける人です。これに対し、ドリーム・キラーとは、「そんな夢、かなうわけがない」と水を差す人です。

なかには、家族や友人のためを思って、「リスクが大きいから、夢をあきらめたほうがいいよ」「そんな挑戦は絶対失敗するから、もっと安全な道を進んだほうがいいよ」と言う人もいますが、これも結果的に、ドリーム・キラーと同じ影響を与えてしまいかねません。

２００９年12月、新成人（20歳になる方々）を対象とする調査が行われました。その中で、「日本の未来は明るいと思うか？」という質問がありました。対して、「暗い」と答えた人が17・8％、「どちらかというと暗い」が61・4％、つまり合計79・2％の若者が「日本の未来は暗い」と答えているのです。

私は「宝地図」でV字回復できました。しかしこれは、決して私ひとりの力で成し遂げたことではありません。「宝地図」によって夢を明確にした途端、私の夢を応援してくれる人が自然と集まるようになったのです。彼らは、私の夢の実現を信じ、応援し続けてくれました。そう。私の成功は、ドリーム・メーカーのおかげなのです。

今の日本には、圧倒的にドリーム・キラーが多いように感じています。とはいえ、少数派ながらも、たくさんのドリーム・メーカーのみなさんが、日本をより素晴らしいものにしようと活躍しています。私が「宝地図」を提唱しているのも、ドリーム・メーカーが少しでも増えるのを願ってのことです。

みなさんも一緒に、ドリーム・メーカーが互いに夢を応援し合う社会を作っていきませんか？

THE SECRETS OF THE "TREASURE MAP"

MAKING 90% OF YOUR DREAMS COME TRUE

THE SECRETS OF
THE "TREASURE MAP"
MAKING 90% OF YOUR
DREAMS COME TRUE

第2章

「宝地図」を作成するための8つのステップ

第2章
「宝地図」を作成するための
8つのステップ

step 1
「宝地図」のベースとなる「キャンバス」を用意する

写真の貼り替えが便利な「コルクボード」がおすすめ

まずは、「宝地図」を作るためのキャンバスを用意します。これは文具店などで売っている**コルクボードがおすすめ**です。

コルクボードの利点は、写真の貼り替えに便利なこと。模造紙などでも作れますが、何度も内容を差し替えると、紙が汚れたり傷んだりしてしまいます。コルクボードなら、貼り替えも簡単で、長く使っていても見栄えが悪くなりません。軽くて持ち運びも簡単、壁にかけたり置いたりも自由です。値段も1000~2000円くらいと、さほど高くありません。

大きさとしては、A1サイズ（60×90cm）が理想です。写真をたくさん貼れますし、存在感があってとても目立ちます。部屋の大きさなどの都合があれば、小さなものでもいいでしょう。**最初は適当な大きさの模造紙などで作っても結構です。**

何より、「宝地図ライフ」をスタートするのが肝心です。

第２章
「宝地図」を作成するための
８つのステップ

step 2

自分の「宝地図」の「タイトル」を決め、「いい表情の写真」を貼る

笑顔の写真が、夢を実現した自分のイメージを作る

紙などに自分の名前かニックネームを入れて「○○の宝地図」と書いてタイトルとし、ボードの目立つところに貼ります。自分らしさを表すキャッチフレーズをつけてもいいでしょう。

そして、中央の目立つところに、自分の写真を貼ります。できるだけ幸せそうで、いい笑顔をしている写真を使いましょう。全身の写真より、表情がしっかりわかる大きさのものがおすすめです。

この顔写真は、あなたが夢や目標を実現して、「満足のいく人生を送っている姿」をイメージさせるためのものです。もしお気に入りの写真が手元になければ、プロのカメラマンに「宝地図」用のとっておきの写真を撮ってもらうのもおすすめです。

写真は何枚貼ってもいいし、ときどき取り換えても結構です。家族や友人などの写真を一緒に貼ってもいいでしょう。

第２章
「宝地図」を作成するための
８つのステップ

step 3

夢や目標を イメージさせる「写真」を 貼っていく

切り方、貼り方は自由に、楽しく

続いては、「宝地図」のメインといえる作業です。**顔写真のまわりに、自分の夢や目標、幸せだと感じることにつながる写真を貼っていきます。**

写真は、「自分がなりたいと思っているイメージ」に近い人物、行きたい場所、住みたいと思っている家など、**なるべく具体的なもの**にします。雑誌やカタログから探したり、インターネットからダウンロードするとよいでしょう。

切り方は自由ですが、ギザギザやハート形など、楽しい形をいろいろ考えてみましょう。文字を書き入れたり、ペンなどで写真の周囲に色をつけるのもおすすめです。貼る場所も自由でかまいませんが、一番の夢は目立つところに貼るといいでしょう。

夢や目標には、性格、才能、人間関係など、具体的な絵でイメージしにくいものもあります。でも、四ツ葉のクローバーが幸運を象徴するように、これらのシンボルとなる写真が見つかるかもしれません。楽しみながら探しましょう。

step 4

夢を実現する「期日」や「条件」を書いて予定に変える

潜在意識が期限に合わせて夢を実現しようとする

次に、「宝地図」に記した夢や目標を実現する**「期日」を書き入れ、実現することが決まっている「予定」とします。**

たとえばフランスのパリに旅行に行きたいという目標があったら、パリの現地写真に「20××年〇月までにパリに行く」などと具体的な日時を添えます。その実現のために必要な「条件」なども書くといいでしょう。

夢を実現する期日が決まると、その期限に合わせて潜在意識がますます威力を発揮してくれるようになります。期日は途中で変更してもいいので、写真に直接書かず、付箋などに書いて貼っておくのがいいでしょう。

また、夢が達成されたことに対する「感謝の言葉」も書き添えます。こうすると、夢がかなったときのうれしい気持ちを先取りして感じることができ、ワクワクして、本当に夢を実現しようという意欲が湧いてきます。

第２章
「宝地図」を作成するための
８つのステップ

step 5

あなたの夢の実現が社会や未来に与える「影響」を考える

夢が本質的なものかどうかがわかる

「宝地図」が完成したら、**その夢や目的が周囲の人や自分が生きている社会にどんな影響を与えられるのか、どんな貢献をするのかを考えます。**

そうすると、あなたの夢が表面的なものなのか、あなたの人生にとって本質的な目的なのか、はっきりわかってくるのです。

人間は、人に喜んでもらうことに喜びを感じ、さらなる意欲が出てくるようにできています。あなたの夢が、多くの人に喜ばれることにつながっていれば、夢を実現するパワーがますます強くなるのです。

また、多くの人に貢献する夢なら、その分、協力者も多く出てくるので、夢の実現がさらに早くなります。そして、多くの人に喜ばれ、祝福や喜びを分かち合うこともできます。

第2章
「宝地図」を作成するための
8つのステップ

step 6

描いた夢が
本当に自分を幸せにするか、
「心の声」を聞いてみる

正しい夢かどうかを定期的にチェックする

「宝地図」に記した夢が社会や未来に与える影響を考えたら、**今度はその夢があなたの未来に本当に利益や喜び、幸福を導くかどうか**を考えてみます。

世間には、目標を達成し、一定の社会的地位を得たけれど、家庭内に問題を抱えたり体を壊してしまうような人もいます。ひとつの夢を実現するために大きな犠牲を払うことになるようなら、それは正しい夢とはいえないのではないでしょうか。

夢が実現した状況をシミュレーションできたら、もう一度、そのときの自分の状態をイメージし、心の声を聞いてみましょう。
それが本当に自分や周囲の人を幸せにするかどうか、自分の価値観に合ったものかどうかを定期的にチェックしてください。

第２章
「宝地図」を作成するための
８つのステップ

step 7

１日に何度も見て
夢の内容を確認し、
「潜在意識」に焼きつける

いつでも自分の夢や目標を意識する

作った「宝地図」を家の中の目につくところに置き、**何度もながめて潜在意識に送り続けます。**見れば見るだけ潜在意識に深く刻み込まれ、効果が上がりやすくなります。

「宝地図」をデジタルカメラで撮影し、プリントして机の上やトイレなどに貼ったり、小さくコピーして手帳や定期入れにはさんでおくのもいいでしょう。携帯電話の待ち受け画面や、パソコンのデスクトップで見られるようにするのもおすすめです。

何ヵ所に貼ってもいいので、できるだけ頻繁に目に入るようにして、いつでも自分の夢や目標を意識するようにしておきます。

こうすれば、夢を実現するための情報もどんどん飛び込んでくるはずです。

第２章
「宝地図」を作成するための
８つのステップ

step 8

「具体的な行動」を起こし、夢の実現へ向けての最初の一歩を踏み出す

一つひとつの行動の積み重ねが夢を実現する

夢の実現に向けての最初の具体的な行動を起こしましょう。

夢の実現のためにできることは何かを考え、今日できること、今週できること、今月できることを具体的に書き出します。

そして、その一つひとつを付箋などに書き移して、「宝地図」に貼ります。具体的な予定は手帳に書き込みますが、そこに「宝地図」のコピーが貼ってあれば効果倍増です。

ひとつでも行動を実践できたら、自分に小さなご褒美をあげるのもいいでしょう。行動を起こすのが楽しいものになるはずです。

「宝地図」を作ると、具体的な行動へ向けての感情のスイッチが入ります。ワクワクしながら最初の一歩を踏み出しましょう。そうした行動の積み重ねが、夢を実現するのです。

思い立ったら、今すぐ「簡易版・宝地図」を作ろう

紙とペンとあなたの写真があれば「宝地図」はできる

「宝地図」はコルクボードを使って作るのがおすすめですが、コルクボードがないとできないというわけではありません。

何かをはじめたいと思ったとき、

「今すぐ」
「できることから」

行動することが重要です。「宝地図っていいな」と思ったら、その気持ちを大

切にして、できるだけ早く、手近にあるもので作ってみてください。

コルクボードがなければ、模造紙やカレンダーの裏などを使ってもかまいません。

自分が最高だと思う笑顔の写真がなくても、手元にある写真で結構です。夢をイメージさせる写真が1枚さえあればいいでしょう。それもなければ、夢と期限を文字で書くだけでもいいでしょう。

これなら、自分の夢や目的さえはっきりしていれば、10分くらいで作れるのではないでしょうか。

このような「簡易版・宝地図」を作って、夢の実現に向けて歩き出しましょう。その過程で、徐々に本格的な「宝地図」にバージョンアップさせていけばいいのです。

紙や写真がなければ、手元にある手帳やメモ紙に、夢を書き出すだけでもかまいません。やることはシンプルですが、効果はミラクルです。

「現状維持」の本能に負けず、人生に変化をもたらそう

「宝地図」は、肩肘を張って作るものではありません。簡単に作れて、しかも効果絶大なところが、「宝地図」の大きな特徴なのです。

人間には、「現状維持」の本能があります。人間の潜在意識は、昨日までの快適領域から逸脱することを極度に嫌います。そのため、新しいことをはじめようとするときに、「面倒だ」とか「本当に夢がかなうのかな?」という言い訳を探して、変化を妨げてしまうのです。

しかし、**今のままでは、あなたの生活は何も変わらない**かもしれません。夢をかなえるためには、時に変化も必要です。そして、潜在意識を活用することによって、楽々とあなたを変化させてくれるのが「宝地図」なのです。

今すぐ、あなたの「宝地図ライフ」をスタートしてみませんか?

今すぐ「簡易版・宝地図」を作ってみよう

世界を股にかける
ビジネスマンになる!
エネルギッシュな
人生を!
昨日より今日,
成長するために

Essay of the Treasure Map

「夢実現」にまつわるエッセイ

2

「小さい夢」からはじめよう

ときどき「夢と言えるほどのものがないのです」とか「ささやかな夢なのですが」と言う人がいます。

その気持ちはよくわかります。私自身、そのように思い続けてきたからです。でも最近、思います。

「小さい夢やささやかな夢からはじめよう。その夢に豊かな想像力で生命を吹き込もう」と。

幸せに成功されている方々は、人から見ると「よくもまあ、あんなことに熱中できるものだ。没頭できるものだ」と思われていた時期があります。

でも彼らは、一般的にはささやかな夢やつまらないと思われることにもその夢の意義や発展性を深く考え、イメージを広げていったのです。

多くの人が見出せなかった魅力をイメージ豊かに描き、数年後にはその魅力的な夢を現実のものとしているのです。

その瞬間、多くの人がその人に導かれるようにかつてささやかだったことに夢を描けるようになっていくのです。

だから、普通の人の数倍のパワーで取り組み、アイデアも生み出し、困難もゆうゆうと乗り切り、多くの理解者・協力者を得て、夢を実現しているのです。

あなたも未来に向けてステキなストーリーを考え、無限のパワーを自分の中から引き出すことが可能です。

THE SECRETS OF THE "TREASURE MAP"

MAKING 90% OF YOUR DREAMS COME TRUE

THE SECRETS OF
THE "TREASURE MAP"
MAKING 90% OF YOUR
DREAMS COME TRUE

第3章

毎日
ながめるだけの
「1秒宝地図」

「１秒の習慣」が夢の実現を加速させる

身のまわりのアイテムも、立派な「宝地図」になる

幸せに成功している人たちの自宅やオフィスを訪ねると、気がつくことがあります。

彼らは、幸せや元気になるものや思い出の品をまわりにたくさん置き、最高の状態を保つように努力しているということです。

常に夢が目に入るような環境を整えておくと、夢をかなえるチャンスを逃さない「夢実現体質」へと変わっていくのです。

たとえば、

・ほしいクルマと同じモデルのミニカーを飾っておく。
・野球選手になりたい子どもが、イチロー選手の「ポスター」を貼る。
・海外旅行が好きな人が、「世界地図」を貼る。
・夢のきっかけを与えてくれた「本」を書棚に並べておく。
・リビングに家族旅行の写真を飾っておく。
・ビジネス手帳に「達成目標」を書き込んでおく。
・ツイッターやフェイスブックに「自分の夢」を書き記す。
・これまでに手に入れた表彰状やトロフィーを飾っておく。

これらのように、**夢や幸せにつながっているものはすべて、「宝地図」のバリエーション**といえます。そして、**たった1秒見るだけで、夢や幸せを感じるスイッチが押される**のです。

「1秒の習慣」を身につけ、夢実現体質へ！

「リビング」に家族旅行の写真を貼ったり、家族みんながメッセージを書き込めるホワイトボードを用意したり、カレンダーに今年の目標を記入したり、表彰状や感謝状を飾ったりしておけば、「リビング全体」が「宝地図」に変わります。

アイテムに目がとまる時間は、ほんの1秒かもしれません。けれど、その1秒が、何度も、何度も重なっていくうちに、少しずつ「夢」や「幸せ」をリアルに感じられるようになるのです。

リビングでも、寝室でも、トイレでも、オフィスでも、電車の中でも、**「1秒の習慣」を繰り返すことができれば、夢や幸せが近づいてきます。**

自己啓発の大家として有名なノーマン・ヴィンセント・ピール氏は、目標を紙に書いて、6ヵ所に貼ることを提唱しています。これは、「何回も繰り返し見ることで、目標の達成が近づく」ということを間接的に物語っているといえるでしょう。

「1秒宝地図」も同じです。「ワクワクしてくるアイテム」「幸せを感じるアイテム」「自信が湧いてくるアイテム」などを用意して、自宅でも外出先でも、いつでもどこでも目につくようにしておきます。

目につく機会が多いほど、潜在意識が書き換えられ、夢実現の速度が加速していくのです。

次ページからは「1秒宝地図」のアイデアをご紹介していきます。みなさんの身のまわりを「夢と幸せに欠かせないアイテム」で彩ってみませんか？

1

リビング／ダイニング

リビングやダイニングは、住まいの中心です。１日の中でも過ごす時間が長くなりますから、そこに「宝地図」を置けば、夢や目標を見る回数も多くなります。

ボードを使った「宝地図」のみならず、自分や家族の夢をイメージできるアイテムをたくさん飾って、部屋全体を「宝地図」に変えていきましょう。家族みんなで「夢を共有」することができれば、家族運もアップしてきます。

家族の写真

笑顔の写真で家族愛が深まる

家族旅行に行ったときの写真など、思い出の写真を飾ります。家族みんなが揃っていて、しかも、「笑顔の写真」がベスト。家族愛が深まり、幸せを実感することができるでしょう。

デジタルフォトフレーム

「宝地図ムービー」の再生も可能

デジカメで撮った写真をそのまま取り込み、スライドショー形式で楽しむことができます。音楽や動画再生に対応しているものなら、「宝地図ムービー」を見ることも可能です。

インテリアビデオ

心休まる映像を流す

風景を収録した「環境映像DVD」や「好きな映画」など、心地よいと感じる映像をインテリアビデオとして流しましょう。自分が望む感情が手に入りやすくなります。

ホワイトボード

家族みんなの「宝地図」

ホワイトボードを「家族共有の宝地図」に見立て、みんなで自由に書き込みましょう。

好きな花

目につく場所に彩りを

花を飾ると、部屋の空気がやわらかくなります。また、香りが心を落ち着けます。

トロフィー＆表彰状

成功体験を呼び起こす

トロフィーや表彰状は「成功体験」を瞬時に思い出すツール。「頑張ったときの思い出」や「誇らしい気持ち」が呼び起こされ、次のモチベーションにつながります。

好きな音楽

感情が「夢実現」モードに！

音楽には感情を動かす力があるので、モチベーションアップにも役立ちます。

カレンダー

目標達成予定日に印を！

カレンダーを１年の「宝地図」に。目標を書き込み、達成予定日に印をつけます。

「宝地図」入りタンブラー

「宝地図」でコーヒータイム

自分の好きな絵柄にできるタンブラーがあります。「宝地図」を縮小コピーして入れておけば、コーヒーを飲みながら、リラックス状態で「宝地図」をながめることができるでしょう。

理想のモデルの写真

ダイエット効果に期待！

冷蔵庫やキッチンタイルに、「理想のモデル」の写真を貼って、ダイエットを効果的に。

写真入りマグカップ

夢の写真をプリント

夢をイメージできる写真や「宝地図」をプリントすれば、夢をかなえるマグカップに。

理想の体型だったときの写真

ダイエット後の自分の姿を想像

自分が理想的な体型だったときの写真を貼ってみましょう。「自分にも、こんなにスリムなときがあった」と再認識することで、ダイエット後の自分の姿を想像しやすくなります。

体重のグラフ

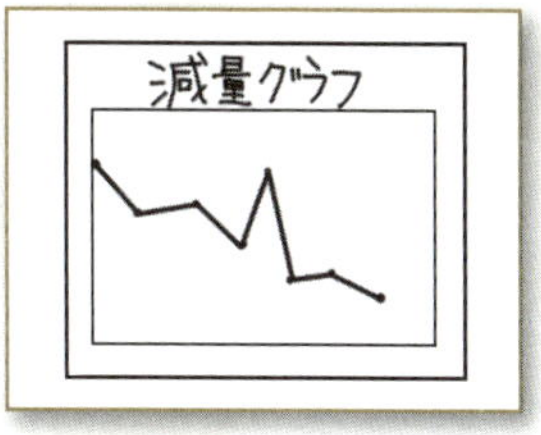

体重の減少が一目瞭然

体重の推移を「見える化」すれば、ダイエットの効果が実感できます。

おなかを凹ませた写真

スリムな自分を想像

おなかを凹ませた状態で写真を撮れば、ダイエット後の自分をイメージできます。

第3章
毎日ながめるだけの「1秒宝地図」

2

書斎／寝室

リビングが家族団らんのスペースなら、書斎は、「自分の時間」を楽しむスペースといえるでしょう。趣味のコレクションや、「手に入れたいもの」「なりたい自分」をイメージできる写真などを飾って、そこにいるだけで、ワクワクした気分になれる空間を作ってみましょう。

寝室に、「宝地図」を貼るのも効果的です。寝る前は心身ともにリラックスした状態にあるので、潜在意識に「夢」をインプットしやすくなります。

趣味のもの

夢につながるアイテムを陳列

好きなものを陳列して「趣味の部屋」を作りましょう。また、「ほしいクルマのミニカーを置く」など、夢をイメージできるアイテムを並べるのも楽しいでしょう。

ショーケース

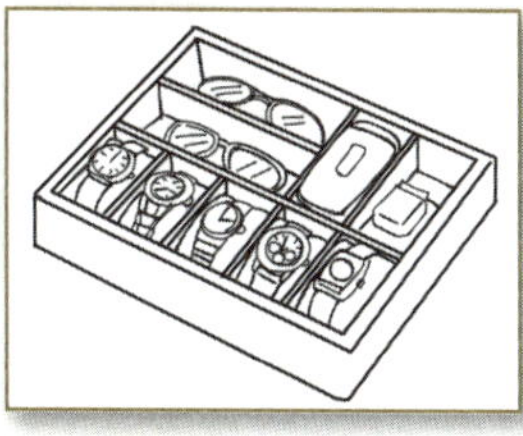

ワクワクするコレクション

大事なコレクションはショーケースにディスプレイ。見るだけでワクワクしてきます。

書棚

「好きな本」を目立つところに

「好きな本」や「何度も読み返したくなる本」を目立つところに収納しましょう。

サイズの小さなドレス

着ている自分を想像してみる

ダイエットをはじめる前に、「痩せたあとで着てみたい服」(サイズ小さめ)を買います。「目につくところ」に置いて「着ている自分」を想像しながらダイエットをしましょう。

写真入りのTシャツ

自分で着こなす「宝地図」

お気に入りの写真(家族の写真など)をプリントしたTシャツも立派な「宝地図」です。

写真入りのうちわ

好きな写真をプリント

子どもや、ペットや、家族の写真をプリント。裏表で写真を変えてみるのも楽しい。

寝室の天井

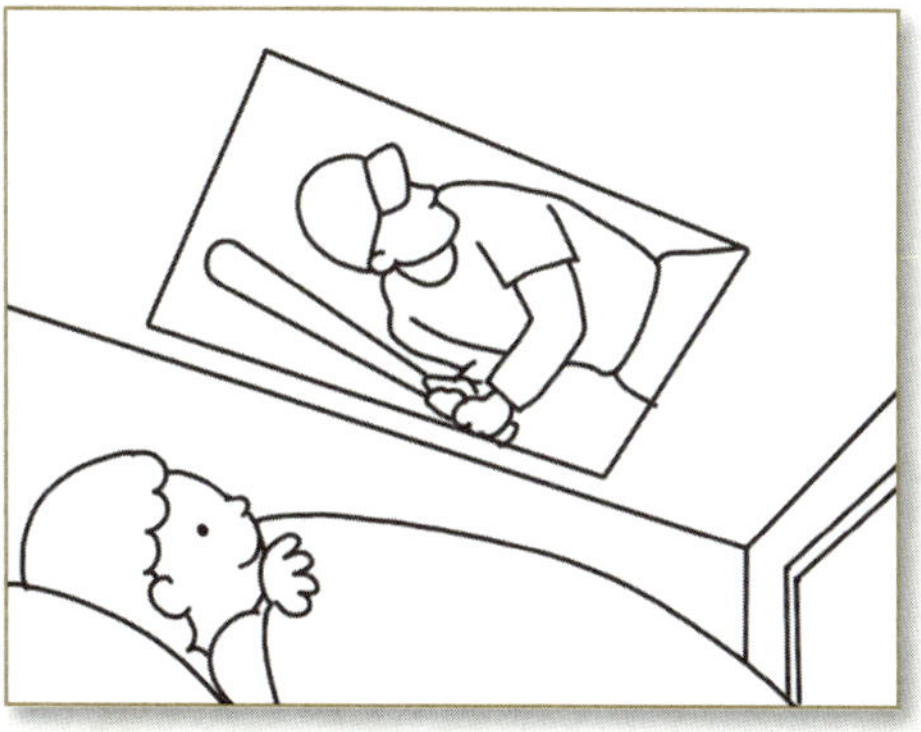

潜在意識にインプット

潜在意識に願望をインプットするには、リラックスした状態が最適です。寝る前に「宝地図」をながめると、潜在意識に自分の願望を植えつけることがスムーズにできるのです。

出版予定の本

著者になったつもりで制作

「本の出版をしてみたい」という方は、「将来、自分が出してみたい本」の表紙を自分でデザインしてみませんか。中身は書かなくてもかまいません。

第３章
毎日ながめるだけの「１秒宝地図」

3

トイレ／バスルーム／パウダールーム

トイレやバスルームなど、毎日必ず使う場所に「宝地図」を置けば、自然と目にとまるようになるので、イメージが明確になります。

「宝地図」を毎日ながめているうちに、セルフイメージが上がり、夢や目標が身近に感じられるようになるでしょう。とくに「ダイエット」に興味のある方は、パウダールームに「自分の理想の姿」を連想させる写真やフレーズを飾ると効果的です。

パウチ加工

入浴中も「宝地図」

「宝地図」を縮小コピーしてパウチ加工すれば、お風呂の中でもながめることができます。

トイレの壁

壁をボードに見立てる

トイレの壁に「宝地図」を貼ったり、壁をボードに見立てて好きな写真を貼ったりします。

ヘルスメーター

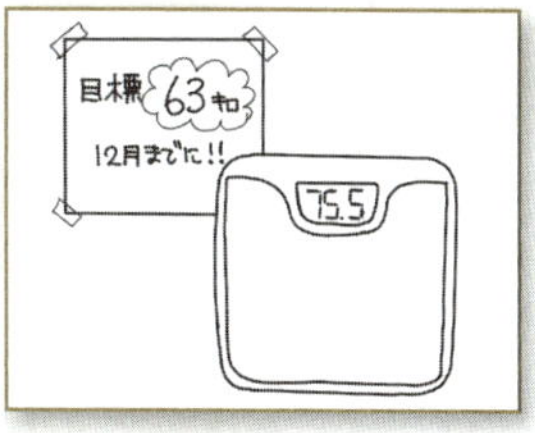

目標体重を明確化

目標体重や達成期限の数字を書き込んだ「宝地図」を貼ると、ダイエットにも効果的。

パウダールームの鏡

ダイエットに最適

「理想の体型」をイメージできる写真を貼っておけば、ダイエット効果が期待できます。

4

自動車

自動車で移動する機会の多い人は、自動車の中を「夢実現空間」に変えてみましょう。ダッシュボードに写真を貼ったり、オリジナルのキーホルダーを作ったり（ただし運転中はよそ見をしないように、くれぐれも注意をしてください）。

ほしい自動車がある人は、ショールームに出向いてみましょう。そして、ほしい自動車の前で「その自動車の持ち主」になったつもりで写真を撮ると、モチベーションが上がるはずです。

オーディオブック

情報を効率よくインプット

運転しながらでも耳から情報を取り入れ、やる気を高める学びの場になります。

ドライブミュージック

運転中にもリラックス

音楽は心の癒しやストレス解消に効果的。お気に入りの音楽を見つけましょう。

キーホルダー

写真付きキーホルダーに

好きなデザインや、好きな写真が飾られているキーホルダーも「宝地図」になります。

ダッシュボード

カーナビも「1秒宝地図」に

「家族写真」や「好きな写真」を貼ったり、カーナビで「宝地図ムービー」を見ることも。

5

カバンの中／手帳

「宝地図」は、毎日何度も見ることが大切です。

毎日持ち歩くカバンや手帳に「宝地図」があれば、見る機会が増えるので、夢実現効果がアップします。ちょっとした時間に「自分の夢」を潜在意識に刷り込むことができます。

縮小した「宝地図」を常に持ち歩いて、見たいときにいつでも見られる状態にしておくと、夢がかないやすくなります。

パスケース

通勤中に「宝地図」を見る

パスケースに「宝地図」の写真や、「元気が出る言葉」を書いたカードを入れておきましょう。さわやかに通勤時間を過ごせます。

財布

写真やメモをお札とともに

財布の中に「宝地図」の写真を入れたり、「感謝の言葉」を書いたカードを入れておきましょう。金運がアップします。

クオカード／図書カード

**ギフトにして
他人と夢を共有**

写真やイラストを入れたオリジナルのギフトカードを作ってみましょう。他人にプレゼントすれば、自分の夢をみんなに共有してもらうこともできます。

本のしおり

**本を読むたび
夢が身近に**

かなえたい「目標」や「自分を元気にしれくれる言葉」の書かれた紙をしおりに使えば、本を読むたび、メッセージを受け取ることになります。パウチすれば、耐久性もアップ！

ブックカバー

好きなフレーズを書き記す

ブックカバーに「夢がかなった自分」を想像できるキャッチフレーズを書いたり、収納スペースのついた市販のブックカバーに写真を入れてみたり。

オリジナル名刺

（ただし、他人に配ると法律に抵触する可能性があります）

将来の自分を名刺で先取り

たとえば、司法試験の勉強中なら、肩書に「弁護士」と入れてみる。「未来の夢」がかなった１年後、３年後、５年後の自分を想像して、オリジナルの名刺を作ってみましょう。

お気に入りの本

大好きな本を持ち歩く

かなえたい夢について書かれた本や、自分の人生を変えるきっかけになった本を持ち歩いて、ちょっとした時間に目を通しましょう。

自作シール

夢シールを自作してみる

市販のプリンターでも、簡単にシールやステッカーを作ることができます。自分の夢をイメージできるシールを作ってみましょう。

教科書

表紙の裏面に「宝地図」を貼る

大学受験や資格試験を控える人は、表紙の裏面に「宝地図」の写真を貼っておきましょう。「ガッツポーズをする自分の写真」なども効果があります。

下敷き

「宝地図」を下敷きに貼りつける

「宝地図」をデジカメで撮影して下敷きに貼りつけたり、「パウチした宝地図」を下敷きにして勉強に励んでみましょう。勉強への意欲とファイトが長続きするはずです。

手帳のスケジュール欄

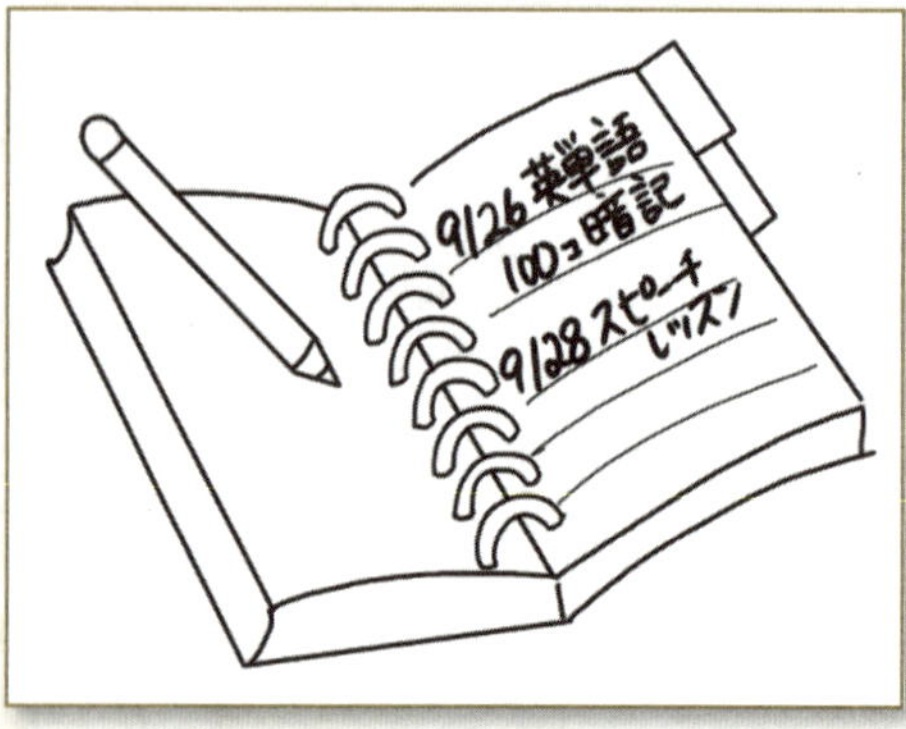

夢の期限を明らかにする

手帳のスケジュール欄に、夢を実現する予定の日を書き込みましょう。夢の期限を明らかにしておくと、カウントダウンをしながら、ワクワクと毎日を過ごすことができます。

フレーズや目標

プラスの言葉を書きとめる

夢をかなえた自分をイメージできるキャッチフレーズを書きとめておきます。プラスの言葉・癒しの言葉などを書いておくのもよいでしょう。

縮小版の「宝地図」

デジカメで撮影した「宝地図」を貼る

デジカメで撮影したり、縮小コピーした「宝地図」を手帳に貼りましょう。自分だけで見られるので、「宝地図」が人の目に触れることに抵抗があるという人でも活用できます。

好きなものの写真

手帳を人生の羅針盤にする

手帳は人生の羅針盤であり、航海図であり、夢実現のサポート・ツールです。手に入れたいものや夢をイメージできる写真を貼っておけば、実現のスピードが速くなるでしょう。

第３章
毎日ながめるだけの「１秒宝地図」

6

携帯電話／パソコン

携帯電話やスマートフォン、パソコンは、たくさんの画像や動画を持ち運ぶことができる便利なツールです。

自分の夢や幸せをムービー（動画）という形にして見るようにすれば、夢がリアルなものとして潜在意識に浸透するようになります。

また、自分で自分に応援メッセージを送ったり、フェイスブックやツイッター、ブログなどの機能を「宝地図」と結びつけることもできます。

待ち受け画面

携帯を使うたび「宝地図」が目に入る

携帯電話のカメラ機能を使って、「宝地図」を撮影。撮った画像を待ち受け画面にすれば、いつでも見たいときに、「宝地図」を見ることができます。

携帯ストラップ

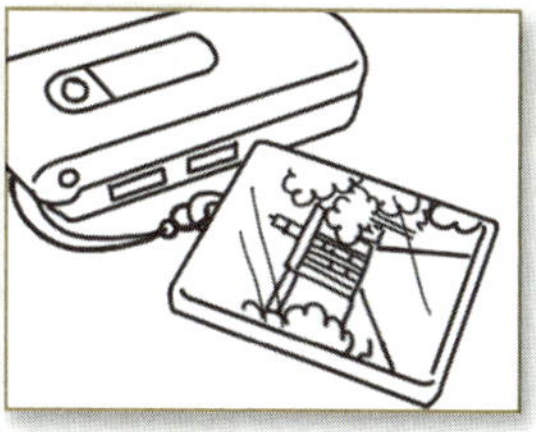

写真付きストラップを作る

写真を印刷できる手作りキットなどを使えば、オリジナルのストラップが作れます。

動画機能

好きな写真を動画で撮影

動画機能を使って、自分の好きな写真を数枚撮影。簡易版「宝地図ムービー」の完成です。

自分へのメッセージ

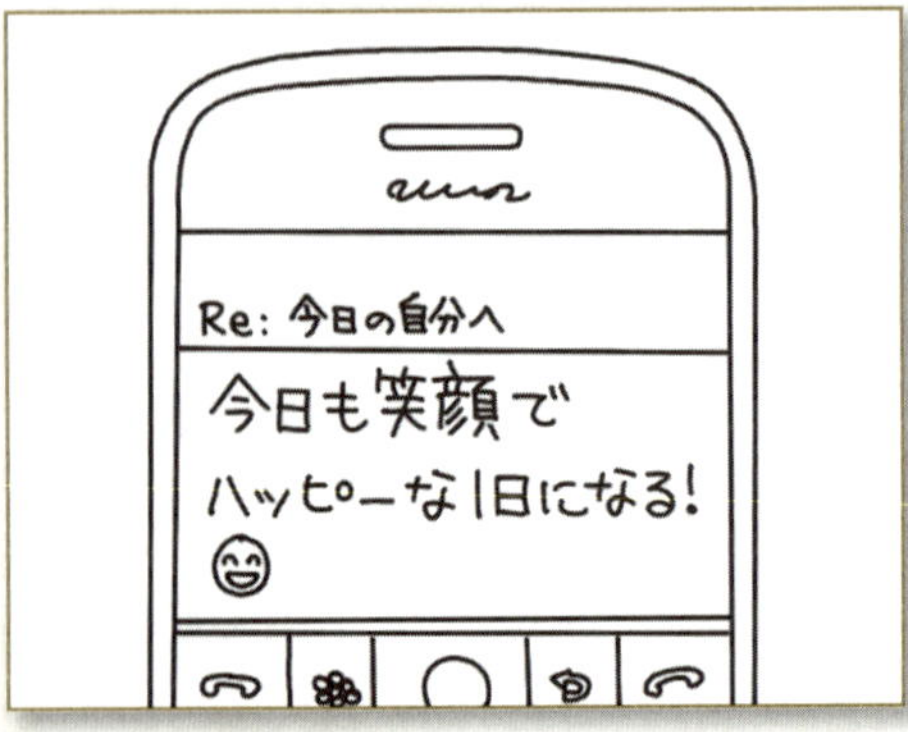

自分で自分にメール送信

スマートフォンやパソコンでメールを送るとき、「日時指定」ができる場合があります。こうした機能を使えば、「今の自分」から「未来の自分」にメッセージを送ることもできます。

ツイッター

気に入ったつぶやきを残す

気に入ったつぶやきは、「お気に入り」として残しておくことができます。

着信メロディ

着信メロディを好きな曲に

着信があるたびに心のスイッチが入り、素早く感情移入できるようになります。

オーディオプレーヤー

移動しながらメッセージを聴く

元気が出る音楽を聴きましょう。また、アファメーションや未来シナリオを吹き込みましょう。音声を聴くたびに潜在意識が変化し、人生も変わります。

フェイスブック

プロフィールに、未来の姿を記す

フェイスブックのプロフィール欄に、「未来の自分」の姿や、過去最高の実績（結果）を記しておきます。フェイスブックで多くの友だちがあなたの夢の後押しをしてくれるでしょう。

ブログ

成功体験を年表にしてつづる

ブログに、これから成し遂げる「成功体験」をつづった「未来年表」をアップしてみましょう。ブログを更新するたび、自分の夢の進捗具合を確認することもできます。

アルバム

テーマごとのアルバムを作成

フェイスブックや画像管理ソフトには写真を整理してアルバムを作る機能があります。「元気が出るアルバム」「幸せアルバム」「実績アルバム」など、テーマごとにまとめてみましょう。

デスクトップピクチャー

「宝地図」の画像をPCに取り込む

好きなものの写真や「宝地図」の画像をパソコンに取り込み、デスクトップピクチャー（壁紙）に設定。パソコンを使うたび、あなたの夢が潜在意識にインプットされるでしょう。

ネット上で公開

自分の「宝地図」をネット上で公開

自分の「宝地図」をインターネット上で発表すれば、協力者やアイデアが得られやすく、夢の実現が加速します。「宝地図ムービー」（動画）をアップすることもできます。

7

オフィス

ビジネスパーソンは、オフィスで過ごす時間も長いと思います。夢をイメージできる写真や小物などを、ビジネスマナーに反しない範囲で、デスクに置いておきましょう。

得たい結果（仕事の実績など）を明確化できれば、ビジネスに対するモチベーションも自然と湧き上がってくるでしょう。

デスクマット

写真や「宝地図」をはさんでおく

クリアタイプのデスクマットなら、写真や「宝地図」をはさめます。同僚や上司の目にも触れますから、プライベートな写真よりも、仕事の目標に関する写真を選びましょう。

目標を書いたメモ

デスクまわりに目標を書き出す

付箋などに、「目標」「期限」「条件」などを記して、デスクまわりの目にとまりやすいところに貼りましょう。目標達成後は、達成したものだけを集めて保管しましょう。

お客様の写真

お客様の笑顔が原動力に

今までで一番喜んでくださったお客様の写真をデスクに貼ります。「こういう笑顔をもっと見たい」という気持ちが、モチベーションを高めてくれるはずです。

チーム目標

スローガンを打ち出す

チーム目標やスローガン、目標を達成したあとの「ご褒美」などを貼り出してみましょう。目標に向けて「一丸となって取り組む」という仲間意識が芽生えやすくなります。

最高の実績を象徴する写真

最高の自分に戻れる

あなたが最高の成績を上げたのはいつですか？　社内表彰されたときの写真などがあれば貼ってみる。そのときの充実感がよみがえり、またたくまに「最高の状態」に戻るでしょう。

企画書

企画書をファイルにとじる

自分が提出した企画書の中で、評価の高かった企画書や実現した企画書をファイルしておきます。自信がなくなったときにファイルに目を通せば、やる気が高まってくるはずです。

Essay of the Treasure Map

「夢実現」にまつわるエッセイ

3

夢をかなえる「習慣力」を身につける

夢や目的があると、人は行動を起こすことができます。しかし、成果が上がらないと、行動し続けることができません。つまり、習慣にならないのです。

そこで、よい習慣を身につけるポイントをご紹介しましょう。あなたが習慣にしたいことを頭に描きながら、具体的に当てはめてみてください。

①「簡単にできるところ」から行動をはじめる

②できなかったら、できるところまで「基準を下げて再開する」

③毎日・毎週・毎月の行動量を「少しずつ増やしていく」

④志は高くてもよいが、毎日・毎週・毎月の行動の高望みは禁物

⑤毎日の行動を「数値化」して、記録する

⑥達成率だけを意識するとくじけやすい。努力が積み重なる「積み上げ数」も記録する
⑦「行動したら、どんなに素晴らしい展開になるだろう?」と「最高のケースを想像」する
⑧「行動しなかったらどうなるだろう?」と「逆のケースも少し想像」する
⑨ちょっとでも進歩したり、成果が出たら自分自身で「認める・褒める・喜ぶ」
⑩3日間できたら、次は7日間、さらには21日間を目指す。「21日たつと意識が変わる」
⑪予定どおりできなくても落ち込まない。3日坊主でも10回繰り返せば習慣になる
⑫諦めない限り、人生には復活戦がある。いつでも再スタートが切れる
⑬自信が出てきたら、親しい人に行動を変化させることを宣言・約束する。コミットメントは行動力を生み出す

習慣は第二の天性。習慣を制する者が人生を制します。

THE SECRETS OF THE "TREASURE MAP"

MAKING 90% OF YOUR DREAMS COME TRUE

THE SECRETS OF
THE "TREASURE MAP"
MAKING 90% OF YOUR
DREAMS COME TRUE

第4章

実践
夢をかなえる
「宝地図」

「かなえたい夢」のテーマを絞り、夢実現のスピードを早める

5つのカテゴリー別に「宝地図」の応用編を紹介

「基本版・宝地図」では、1枚のコルクボードに「夢」や「目標」をイメージできる写真を貼っていきます。

自分がなりたいと思っているイメージに近い人物、行きたい場所、住みたいと思っている家、ほしいクルマ、就きたい仕事など、「さまざまな夢」をビジュアル化するのです。

ですが、「夢の実現」をさらに加速させるためには、**「かなえたい夢」をひと**

つのテーマに絞って、「宝地図」を作ることもできます。

たとえば……

・理想の体型を手に入れるために、**「ダイエット宝地図」**を作る。
・理想のパートナーを見つけるために**「恋愛宝地図」**を作る。
・理想の住まいを見つけるために、**「マイホーム宝地図」**を作る。

テーマを絞ることで、「手に入れたい夢のイメージ」がより具体的になり、時間やエネルギーなどを1点に集中できるため、夢を引き寄せる力が強くなります。

そこで本章では、「宝地図」を5つのカテゴリー（「夢・成功」「感情」「人間関係」「生活習慣」「メッセージ」）に分け、テーマを絞った「宝地図のアイデア」をお伝えします。

セルフイメージを飛躍的に高める「作り方のコツ」

テーマ別のお話をする前に、**「宝地図」にこういう写真を貼り、こういうメッセージを書き込むと夢の実現が早くなる**「作り方のコツ」をご紹介します。

●マジカルクエスチョン（究極の質問と実習）

「宝地図」を作る前に（あるいは作りながら）、この項に挙げた質問に対して、自分なりの答えを考えてみましょう。すると、漠然とした願望の中から「心から実現したい目標」が浮かび上がってきます。

目標・目的を明らかにすることは、「結果を得る」ための近道です。**シンプルな質問ですが、しっかり考えれば人生観まで変わる可能性がある究極の質問を用意しました。**

●アファメーション（賢者の言葉）

「テーマ別宝地図」の作り方のコツ

「宝地図」を
作るときに
考えてみる質問
マジカルクエスチョン
（究極の質問と実習）
●あなたには無限の可能性がある。
では、どんな可能性があるだろう？
●あなたが取り組んでいること
（夢・目標・仕事）で得られる、
最高の利益は何か？
貢献とはどんなことか？
●神様から「あなたの望むことを、
ひとつだけかなえてあげよう」
と言われたら、
あなたは何を望むのか？
アファメーション
（賢者の言葉）
●かなう夢だから、心に宿る
●夢に見た幸せな毎日
●夢は見るものではなく、
実現して味わうもの
●可能性は無限にあり、チャンスは
至るところにあふれている
●「夢見ることができるならば、
あなたはそれを実現できる」
（ウォルト・ディズニー）
「宝地図」に
書くと
効果がある言葉
夢に近づくビジュアル
理想の家・環境
世界平和
豊かさを象徴する写真
「宝地図」に
貼りたい
写真やイラスト
●家族が笑顔の写真
●笑顔にあふれた仲間
●モデルとしたいスタイル
●結婚式の写真
●パートナー（カップル）の
写真

アファメーションとは、「肯定的な自己宣言」のことです。「自分の夢がすでにかなっている言葉」や「幸せな人々に囲まれていることへの感謝の言葉」「自分の過去を承認する言葉」「自分に勇気を与えてくれる言葉」を「宝地図」に書き入れると、セルフイメージが高まります。偉人たちが残した言葉も、私たちに大きな力を与えてくれます。

●夢に近づくビジュアル

その夢をかなえるために、「宝地図」に貼ると効果が期待できる「写真やイラストの例」を挙げています。

第4章
実践　夢をかなえる「宝地図」

1

「夢・成功」編

人生に夢の地図を描こう

地図のある人生と、ない人生では大きく違います。

多少の挫折があったり、ときには道をそれたとしても、地図と目的地さえ決まっていれば元へ戻ることができます。夢が人生の道しるべとなるのです。

夢のない人生も悪くはありませんが、「なるようになるさ」と行き当たりばったりで生涯を終えてしまうことになりがちです。

夢とは、ワクワクするような目標であり、未来図のことです。そして、その夢を具体的なイメージとして明確化したのが、「宝地図」です。

「宝地図」を毎日見ることで、目標が現実に近づきます。今やっていることが、未来につながっていると信じることができれば、常に希望を持ち続けられます。

夢さえあれば、つらい状況でも乗り越えようという力が湧いてくるのです。

「宝地図」で成功者の脳になる

成功者といわれる人の多くは、将来の夢やビジョンを明確にしています。目的地がはっきりしているので、着実に効率よく夢の実現に近づくことができるのです。こういった成功者の脳の使い方を、誰でも楽しくできるようにしたのが「宝地図」です。

「地理」が得意な人の多くは、小さいころから地図に慣れ親しんでいると聞きます。世界地図や地球儀を楽しくながめているうちに、いつのまにか、国の名前や位置を覚えてしまうのでしょう。旅の目的地に向かって地図を広げたとき、その地図がモノクロで細かい文字ばかりよりも、カラフルで写真やイラストが満載のほうが、見ていて楽しく、内容も覚えやすいのではないでしょうか。

「宝地図」は、見るだけで楽しいものです。そして、**ながめるだけで、自然に、夢や目標を潜在意識レベルで覚えられます。**苦労して勉強をしなくても、成功者の脳になれるのです。

「なんとなく気になるもの」の写真を貼るだけでもいい

「夢や目標がまだ見つからない」という人もいるでしょう。むしろ、そういった人にこそ、「宝地図」を作ってみてほしいと思います。

はじめは、夢や目標がはっきりしなくてもかまいません。でも、誰にでも「なんとなく気になる」ことぐらいはあるでしょう。そういったものの写真や切り抜きを、とにかくコルクボードに貼ってみてください。

それらを毎日ながめながら、自分自身に問いかけてみましょう。

「自分が本当にほしいものはなに?」「誰と、どんな幸せを感じたい?」「どんなことにもっとワクワクできる?」

貼りつけたもののうち、**見ていてワクワク感を覚えるものはそのままにして、それほど魅力を感じなくなったものは、外してしまいましょう。**そして、もっとワクワクを感じそうなものに貼り変えていくのです。これを続けてみましょう。そうすれば、あなたの夢が少しずつクリアになっていきます。

第４章
実践　夢をかなえる「宝地図」

「夢・成功」編

「夢をかなえて成功したい人」のための

ビジョン宝地図

魅力的な「宝地図」を描くことで、あなたの成功は約束される

「宝地図」を描くとき、どんな完成図にしようかあれこれ考えるものです。すると、考えること自体にワクワクしてきて、発想が広がっていきます。関連する情報や人、本などを自然と引き寄せてしまう。これこそ夢に向かっている兆候です。

「成功」とは完成図に行き着くことではなく、目標に向かってワクワクしながら行動している状態そのものです。「ビジョン宝地図」を描いた時点で、あなたは成功の途上にあるのです。

マジカルクエスチョン（究極の質問と実習）

- あなたには無限の可能性がある。では、どんな可能性があるだろう？
- あなたが取り組んでいること（夢・目標・仕事）で得られる、最高の利益は何か？貢献とはどんなことか？
- 神様から「あなたの望むことを、ひとつだけかなえてあげよう」と言われたら、あなたは何を望むのか？

アファメーション（賢者の言葉）

- かなう夢だから、心に宿る
- 夢に見た幸せな毎日
- 夢は見るものではなく、実現して味わうもの
- 可能性は無限にあり、チャンスは至るところにあふれている
- 「夢見ることができるならば、あなたはそれを実現できる」（ウォルト・ディズニー）

夢に近づくビジュアル

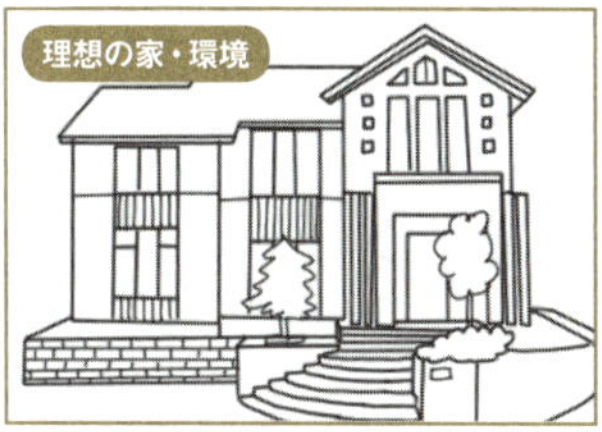
理想の家・環境

世界平和

- 家族が笑顔の写真
- 笑顔にあふれた仲間
- モデルとしたいスタイル
- 結婚式の写真
- パートナー（カップル）の写真

豊かさを象徴する写真

第４章
実践　夢をかなえる「宝地図」

「夢・成功」編

「実現させたいミッションがある人」のための

ミッション宝地図

自分の内側からあふれる使命は、周囲も巻き込んでいく

ビジョンが生涯の中で行き着きたい地点（目標）だとすると、ミッション（使命）は目指す方向性を示すものです。

強く共感を呼ぶミッションがあると、まわりが動いてくれるようになります。自分の内側からあふれ出た使命感が相手の魂に働きかけ、その人の使命感をも揺さぶるからです。たとえ目標が違っていても、方向性が同じであれば、使命感をともにしながら大きな流れを作ることができるのです。

マジカルクエスチョン（究極の質問と実習）

- もし神様から「20年間の自由な時間と100億円のお金をあげるから、多くの人に役立つこと、喜ばれることをしなさい」と言われたら、あなたは何をする？
- 一生を終えるとき、どんな人生だったとつぶやきたいか？　誰にどんな弔辞を述べてほしいか？　墓碑銘には何と書くか？　言われたくないことは何か？

アファメーション（賢者の言葉）

- 人事を尽くして、天命を待つ
- 至誠天に通ず
- 神様から与えられた、私の役割
- 使命、それは私にしかできないこと
- 「世の人はわれになにともゆはばいへ　わがなすことはわれのみぞしる」（坂本龍馬）

夢に近づくビジュアル

世界の子どもたちの笑顔

握手をする手

- 地球
- 坂本龍馬（維新の志士たちの写真）
- キリスト
- まっすぐ伸びる道

震災復興に活躍するボランティア

第４章
実践　夢をかなえる「宝地図」

「夢・成功」編

「憧れの人に少しでも近づきたい人」のための

メンター宝地図

「あの人ならどうするか」を考えると力が出る！　勇気が湧いてくる！

メンターとは理想とする憧れの師のことです。あの人ならどんな「宝地図」を描くだろうか、どんなことをするだろうかと考えると、いろいろなアイデアが浮かび、次のステージへと踏み出す勇気が湧いてきます。

メンターとするなら、自分が力を発揮したいという分野で、大きな成功をおさめている先人を選びましょう。メンターはひとりだけでなく、分野ごとに別の人がいてもかまいません。

マジカルクエスチョン（究極の質問と実習）

- あなたが理想としている人は誰？　その人から学ぼう。なぜ没頭・熱中できるのか？　情熱を注ぎ込めるのか？　何が楽しいのか？　何かきっかけがあったのか？
- もしあなたが尊敬する人や憧れている人の後継者として資格も能力もあるとしたら、どんなことをする？　はじめる？　世界はどう見える？

アファメーション（賢者の言葉）

- メンター は、いつも私のすぐそばに
- 悩みができたら、即・相談
- 私には、信頼できる師がいる
- 偉人が私の家庭教師
- 人は触れる者に影響を受け、影響を与える

夢に近づくビジュアル

- 偉人の写真
- メンターとのツーショット写真
- 達人の銅像
- 業界で No.1 の人
- 憧れの人の書籍

「夢・成功」編

「自分を変えたい人、変わりたい人」のための

変身宝地図

未来を先取りした最高の自分が、いつも輝いて、元気でいる

人間には、変化を求めるニーズがあります。安定した生活も大切と思いつつ、ときどき環境を変えたいと考えます。そして、自分自身も変わりたいという欲求を、多くの人が抱いています。

「宝地図」では、今の自分を否定するのではなく、現在の状況に感謝の気持ちを持ったうえで、「でも、ここが変わったらもっといい」と思える写真を貼るようにしましょう。セルフイメージが変われば自分自身も変わります。あなたを見る周囲の目も変わってくるでしょう。

マジカルクエスチョン（究極の質問と実習）

- あなたの人生で大きな変化はあったか？　きっかけは？　その経験・特徴を活かしたら、1年後（3、5、10年後）はどうなっているか？
- あなたがやりたいことに挑戦して失うものは何？　やりたいことを何もやらずに失うものは何？　どちらが失うものが大きい？　どちらのほうをより残念に思う？

アファメーション（賢者の言葉）

- 私は、変われる！
- 決して、変化を恐れずに
- 新たな人生の扉を開けてみませんか
- 「わずかな変化でも単調さが続くよりはましだ」（ジャン・パウル）
- 「人間は、結局、自分がなりたいと思う人間になる」（ゲーテ）

夢に近づくビジュアル

スーパーマン

外国人と会話している写真

- ガッツポーズのスーツの男性
- 右肩上がりのグラフ（業績アップ）
- プレゼンの光景の写真
- 理想の体型の写真
- 表彰状を受け取っているシーン

華やかな場でスピーチ

第４章
実践　夢をかなえる「宝地図」

「夢・成功」編

「自分らしさを見つけたい人」のための

オンリーワン宝地図

誰かと競争するのではなく、自分の強みを認めて伸ばす

ナンバーワンを目指して努力を積み重ねることは、とても素晴らしいことです。どんな分野であれ、日本一、世界一を体現している人には、心より畏敬の念を抱きます。でも、ナンバーワンになることだけが成功ではありません。

自分の持ち味や強みを探し、自分しか持っていないユニークさを育てていけば、「オンリーワン」の成功人生を歩むことができます。

マジカルクエスチョン（究極の質問と実習）

- 「誰もができることを、誰もができないレベルで徹底して磨く」ことが成功の秘訣。さあ、どんなことをはじめる？　続ける？
- もし、100年後の人々にも影響を与えるDVDやCD、ブログなどを残すとしたら、どんなテーマ（タイトル・ジャンル）で、どんな内容のもの？

アファメーション（賢者の言葉）

- 私は、生まれたときから特別な存在
- 私の代わりは（世界中探しても）誰もいない
- 最初は人まねでもいい、私らしさがあれば
- 自分らしい花を咲かせよう
- 「私の経験によれば、欠点のない者は取柄もほとんどない」（リンカーン）

夢に近づくビジュアル

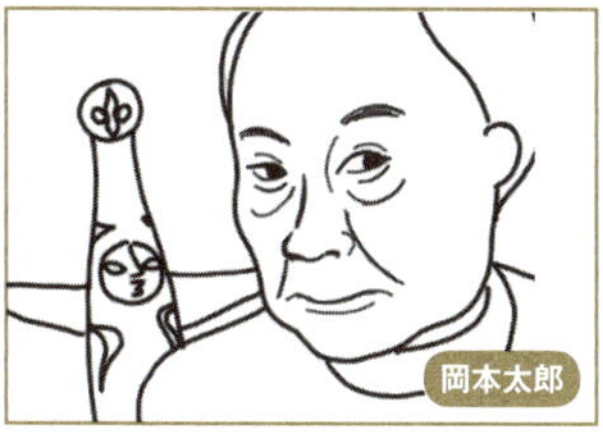

- 本田宗一郎
- エジソン
- ライト兄弟＆飛行機
- 孫正義
- イチロー選手
- ピカソの絵画
- 野に咲く一輪の花

第４章
実践　夢をかなえる「宝地図」

「夢・成功」編

「素敵な家がほしい人」のための

マイホーム宝地図

理想の家や部屋、家具などの写真から本当にほしいものが見えてくる

ほしい家のイメージに近い写真を選んで貼りましょう。家の外観だけでなく、リビングやキッチン、家具などのイメージも明確にすると、より効果的です。

マイホームについてあれこれ考えていくと、自分は家に何を求めているのかという「気づき」があります。家そのものよりも、そこでくつろいでいるときの安心感であったり、家族の団らんであったり、自分の心が本当に求めているものがわかってきます。

マジカルクエスチョン（究極の質問と実習）

- あなたが望む家はどんな家？ そこで味わいたい感情は？ そこに不可欠な要素は何？
- 家で過ごす理想的な１日とはどんな１日？　朝起きてからの１日をイメージしてみよう！
- あなたの余命が仮に１年（あるいは３ヵ月・３日）だとしたら、家族に何をしてあげる？　それを今すぐ実行しよう

アファメーション（賢者の言葉）

- エネルギーの源
- 幸せな安らぎに満ちた毎日
- 愛する家族と過ごす場所
- 私が頑張ってきた努力の証
- 自慢のわが家へようこそ！
- 「世界平和のために何ができるかですって？　家へ帰って、あなたの家族を愛しなさい」（マザー・テレサ）

夢に近づくビジュアル

家の外観や内観

車庫（ほしい車）

- 玄関の写真
- リビング、書斎、キッチン
- 自分の名前の表札
- 建築途中の家
- 住みたい地区の街並み、駅前
- 地鎮祭

ホームパーティーなど、家族団らんの写真

第4章
実践　夢をかなえる「宝地図」

「夢・成功」編

「旅行で人生を豊かにしたい人」のための

ツアー宝地図

「ここに行きたい！」の一念で
貯める→行く→楽しい→達成感！

旅行に行きたいと思っても、ただ漠然といつかどこかへと考えているだけではなかなか実現しません。願望を行動に変えるのが「宝地図」です。目的地の写真を探して貼ってください。

旅先で楽しんでいる自分自身が明確にイメージできるようになれば、いろいろな情報やチャンスを引き寄せるようになります。旅行費用を「宝地図」で引き寄せた人も多数実在します。

マジカルクエスチョン（究極の質問と実習）

- 一生のうちで、一度は行ってみたい場所は？　一度は見ておきたいものは？
- あなたが訪ねたい、憧れの人のゆかりの地はどこ？　建物は？
- 休みが3日取れたら行きたいところは？　10日間の休みで行きたいところは？　1ヵ月では？　半年では？　1年では？　そこで誰と何をしたい？

アファメーション（賢者の言葉）

- 非日常の体験
- 一生の想い出（プライスレス！）
- 夢のようなひととき
- すてきな出逢い、人とのふれあい
- 新しい自分の発見
- ワクワク冒険の旅

夢に近づくビジュアル

- 山（高原）
- オーロラ
- 飛行機
- 世界地図
- 日本地図
- 留学のイメージ（海外の大学のキャンパス）

第４章
実践　夢をかなえる「宝地図」

「夢・成功」編

「ナンバーワンを目指す人」のための

チャンピオン宝地図

優勝旗、カップ、賞状、メダル…
勝利の「形」を脳裏に焼きつける

テニスならウィンブルドン、サッカーならW杯、高校野球なら甲子園。チャンピオンを目指すなら、優勝したシーンの写真や新聞の切り抜き、トロフィーや優勝旗、目標とする世界記録などを貼ります。

とくにスポーツの世界では、イメージトレーニングが重要視されています。頭の中にいかにリアルに優勝の瞬間が描けているかが、勝利を引き寄せるカギとなります。

マジカルクエスチョン（究極の質問と実習）

- 今までの努力が報われた瞬間をイメージしてみよう。
  どんな感情を感じるだろう？
  誰に真っ先に報告したい？
  どんなに喜んでくれるだろうか？
  インタビューにどう答える？
- 真の勝利者とはどんな資質を備えているだろうか？
- 勝利（優勝）のひとつ先にあるものは何？

アファメーション（賢者の言葉）

- 自分が決めない限り、限界はない
- 昨日より今日、成長するために
- 喜んでくれる人のために、全力プレーを
- 「誰よりも練習すること。それが必ず自信になる」（中村俊輔）
- 「勝利の女神は努力を好む」（カトゥルス）

夢に近づくビジュアル

優勝旗

胴上げ写真

- 自分を含むメンバーの写真（チームの輪をイメージさせるもの）
- 甲子園球場の外観
- 応援席で応援する人々（家族）
- 優勝決定シーン
- 校歌斉唱
- 日々の練習風景
- 新聞に掲載される記事
- 日の丸掲揚

表彰台

第４章
実践　夢をかなえる「宝地図」

「夢・成功」編

「試験で合格を勝ち得たい人」のための

合格宝地図

校門Ｖサインに胴上げ写真！「合格＆合格後」をプレ体験

入学試験や資格取得のための「宝地図」には、その学校に入ってどんな学生生活を送るのか、その資格を活かしてどんな仕事をしているのか、合格後のイメージが明確になるような写真を貼るのが効果的です。

学校の校門でのＶサイン姿や胴上げ写真、オープンキャンパスでの学生体験の写真、また資格証のコピーなどを「宝地図」に貼っておくのもよいでしょう。自分がそこの学生になりきっているイメージを明確に持つと、合格の喜びとともにその後の楽しみや喜びをリアルに感じることができ、学習意欲が高まります。

マジカルクエスチョン（究極の質問と実習）

- あなたが行きたい学校は？
  なぜその学校に合格したい？
- 合格するために、
  今すぐできることは？
  続けることは？
- 合格したあと、
  どんなことをしたい？
  合格したあと、
  どんなことを楽しみたい？

アファメーション（賢者の言葉）

- 輝けるキャンパスライフが
  私を待っている
- 試験当日まで、
  成長を楽しもう！
- 合格のその先が、本当の目標
- 努力は裏切ることはない
- やればできる、やるからできる
- 継続こそ本当の力

夢に近づくビジュアル

合格発表の風景

満開の桜の木

- ガッツポーズの自分の写真
- 胴上げの写真
- 志望校の校舎や校門の写真
- 合格通知
- 入学式の写真
- アンダーラインだらけの参考書
- 書き込みの多いノート
- オール５の通信簿

100点満点の答案

第4章
実践　夢をかなえる「宝地図」

「夢・成功」編

「希望の会社で楽しく働きたい人」のための

就活宝地図

自分のアピールポイントを知り、自分を伝えるプレゼンツール

就職活動で大切なのは、自分がどんな仕事をしたいのか、会社にどんな貢献ができるのかを自分自身の言葉で伝えることです。

まだ十分に考えがまとまらなくても、働きたい会社の写真や、なりたい職業の写真を見ているうちに、自分はどんな仕事をしたいのかが整理され、目標が明確になってきます。「宝地図」が、いわば自分の将来の羅針盤となるのです。面接でも自信を持って自分を語れるようになるでしょう。

マジカルクエスチョン（究極の質問と実習）

- あなたが仕事で金銭以外に
得たいことは何？
金銭以外に
何が得られないとしたら、
その仕事をしたくないか？

- あなたの夢と仕事がつながる
としたら、どんなこと？
仕事のどんなことが
あなたの未来を築くと思う？

アファメーション（賢者の言葉）

- 一人前の一歩前
- さあ飛び立て、社会へ
- リクルートスーツが
似合ってきた私にエール
- ゴールはここじゃない
- 責任のプレッシャーを
楽しんでいこう

夢に近づくビジュアル

リクルートスーツ姿の自分の写真

社名入りの採用通知

- フレッシュマンの同期の写真
（集合写真）
- 社員章
- 会社の代表的な製品
- 憧れの先輩
- 業界 No.1 の人の書籍や写真
- プレゼンの光景の写真

行きたい会社の社屋

第４章
実践　夢をかなえる「宝地図」

「夢・成功」編

「自分の魂を成長させたい人」のための

自己成長宝地図

他人を許し自分を許し、魂を磨き高めて、豊かな精神を

お金や家などの物質ではなく、合格や承認など他人からの評価でもなく、内なる本質―愛・幸せ・喜び・豊かさ・感謝の心などを思い出し、望む方向に自分自身で導いていくために作るのが「自己成長宝地図」です。

これを見れば怖れも愛に、ネガティブな考えもポジティブになれる写真や偉人の言葉などを貼ります。パワーシンボル的なもの（宗教的なもの、スピリチュアル関連の本など）でもいいでしょう。

マジカルクエスチョン（究極の質問と実習）

- あなたは起きているすべての出来事が天からの贈り物だと信じられるか？
受け止められるか？
感じているか？
- あなたの人格形成や将来に影響を与えた人は？
映画は？　小説などは？
そしてどんな影響を与えた？

アファメーション（賢者の言葉）

- ながめるだけで、魂が癒される
- スピリチュアルな気づきの手助けに
- ハイヤーセルフとの交流の窓口
- 私の家のパワースポット
- 「人の魂は神のともしびで、闇の奥へさし込むか」（『旧約聖書』）

夢に近づくビジュアル

伊勢神宮、出雲大社など

マリア、キリスト、天使など

- 曼《まん》荼《だ》羅《ら》
- 地球
- 海、イルカ
- マザー・テレサ
- ガンジー
- 光が差し込んでいる写真

セドナ、マチュピチュなどパワースポット

第４章
実践　夢をかなえる「宝地図」

「夢・成功」編

「ワクワク仕事を楽しみたい人」のための

ライフワーク宝地図

本当にやりたいことは何か、自分の未来像を描きながら絞り込む

ライフワークとは、寝食も忘れてワクワクしながら、使命感を持って取り組める仕事のことです。もうすでにライフワークを持っている人は、そのライフワークをもっと楽しめるような「宝地図」を作りましょう。

まだライフワークが見つかっていない人は、ライフワークを見つけるための「宝地図」を作りましょう。ワクワクを感じるものを貼るだけで、ヒントが見つかることがよくあります。

「宝地図」は何度作り替えてもかまいません。毎日ながめているうちに、ライフワークが明確になります。

マジカルクエスチョン（究極の質問と実習）

- 「自由な時間を20年間あげるので、あなたの大好きなことをしなさい」と言われたら何をする？
- 好きなことや夢を仕事にするために、どれに可能性を感じる？／書く／話す／作る／売る／広める／教える／組み合わせる／プロデュースする／サービスを提供する

アファメーション（賢者の言葉）

- 仕事は志事
- 寝食忘れて熱中できる志事
- 私の人生を輝かせる志事
- 楽しみながら貢献する
- 人を幸せにすることで豊かになる

夢に近づくビジュアル

白衣姿の自分の写真

夢を明確に
ステージに立っている写真

- 乾杯のシーン
- 一生懸命に働いているシーン
- お客様の笑顔
- 家族が笑顔の写真
- ニコニコと仕事をしているシーン

パーティーの写真

第４章
実践　夢をかなえる「宝地図」

「夢・成功」編

「売り上げや業績をアップさせたい人」のための

商売繁盛宝地図

どんな業種でも、大切なのはお客様の笑顔

商売で一番大切なことは、お客様の満足だと言われます。繁盛店というのは、お客様が喜んでお金を支払ってくれる店にほかなりません。お客様の幸せそうな笑顔を思い浮かべながら、「宝地図」を作りましょう。

常に満席のお店にしたいなら、店の前に行列ができている写真を貼る。業績アップしたいなら、右肩上がりのグラフの前で成功をたたえ合う仲間の写真を貼ってみてはいかがでしょう。

マジカルクエスチョン（究極の質問と実習）

- あなたの業界のトップに立つ人（または会社）は誰（どこ）？
どんな点に惹かれる？
あなたが改善するうえで
今日からはじめられることは何？
- あなたの商品やサービスを心から待ち望んでいる（必要としている）お客様はどんな人？
どこにいる？
どんなアクションを起こしたら見つかる？

アファメーション（賢者の言葉）

- 売上額はお役立ち額
- いただくお金はすべて、神様の賜物
- いつも笑顔でありがとう
- 三方よし、すべては人のために
- ゆくゆくは大富豪
- 世界一のサービスを提供するぞ

夢に近づくビジュアル

札束が積まれている写真

行列ができるお店

右肩上がりの棒グラフ

- お客様の笑顔の写真
- 雑誌や新聞に掲載
- TV での紹介
- 表彰状
- 帳簿
- 小銭が山になっている写真
- 預金通帳に多額のお金

「夢・成功」編

「幸せなお金持ちになりたい人」のための

金運アップ宝地図

具体的な目標金額を設定して、手に入れた喜びをイメージする！

手元に１枚の写真があります。私が初期の「宝地図」に貼ったもので、右手に400万円、左手に400万円持っています（39ページ参照）。無理して借金したお金でしたが、大きな目標が具体的にイメージできたため、潜在能力・引き寄せ力が一気にアップ。借金完済はもちろん、年収は数千万円にもなり、マイホームも手に入れました。

お金を持っている自分を自然にイメージできると金運もアップしてきます。

マジカルクエスチョン（究極の質問と実習）

- あなたが今まで使ってきたお金は
  ①投資（金額×1.2以上の価値）
  ②消費（金額×0.8～1.2未満の価値）
  ③浪費（金額×0.8未満の価値）
  のどれ？
  浪費を投資にするには
  どうしたらいい？
- 使い道が決まると
  お金は必要なだけ入ってくる。
  今、使い道が決まっている
  ことは何？

アファメーション（賢者の言葉）

- お金は、世のため人のため
- 喜ばせた人の数だけ、
  お金がやって来る
- ながめるだけで、金運アップ！
- 資産○○億円、年収○○万円、
  年商○○億円
- 「お金は世界に君臨する
  神である」（トマス・フラー）

夢に近づくビジュアル

- 豪邸
- 高級車
- 預金通帳
- 積み上げられた札束
- ブラックカード／プラチナカード
- 豪華な財布

第４章
実践 夢をかなえる「宝地図」

「夢・成功」編

「仕事や趣味でスキルアップしたい人」のための

上達宝地図

修了証や認定証に名前を書いて上達した自分を「宝地図」で認定する

仕事なら企画力、営業力に実務資格の取得。趣味としてのスポーツ、楽器。主婦なら料理や掃除など家事のスキル。子どもなら、鉄棒、一輪車、縄跳び……。私たちの身のまわりには、実に多くの場面で技術や能力の上達や向上が求められます。

効率よくスキルアップするためにも、「宝地図」は効果的です。自分で修了証や認定証を発行し、名前を書いて「宝地図」に貼ります。達成できた自分をイメージできる写真もよいでしょう。曖昧だった到達地点が明確になり、将来の自分にワクワクするはずです。

マジカルクエスチョン（究極の質問と実習）

- あなたがどんな人になれば、あなたの夢はかなう？
あなたと同じような夢をかなえている人が、備えている資質は何？
- あなたがこれから３年間、命令・指示に従うだけの期間を過ごすとして、その中でたった３つだけ自分の意思でやることを決められるとしたら、何を選ぶ？　何をする？

アファメーション（賢者の言葉）

- 誰かを喜ばせる力になる
- 昨日までとは違う自分
- 計測可能な成長
- 今日、また一歩、目標に近づいた
- 「千里の道もひと足宛《ずつ》はこぶなり。
千日の稽古をもって鍛とし、
万日の稽古をもって錬とす」
（宮本武蔵）

夢に近づくビジュアル

- 表彰台
- 表彰状授与のシーン
- 銅像の前の写真
- グランドピアノ

第4章
実践　夢をかなえる「宝地図」

2

「感情」編

感情がともなって行動が加速する

夢を引き寄せるのは、ワクワクする「感情」です。

結婚するのが夢だとしたら、結婚した自分の姿を想像してワクワクすると、実現するための具体的な行動を起こせるようになり、また、ほしい結果を引き寄せるようにもなります。


よく「思考は現実化する」といわれますが、目標の現実化には、「感情の変化」と、それにともなう「行動の変化」が必要です。

「ダイエット中だから、甘いものは食べない」と頭では思っていても、つい手が出てしまうことがあります。

「ダイエットをする」という思考が、「甘いものを食べない」という行動としっかり結びついていないからです。

この思考と行動を結びつけるのが、「感情」です。

「宝地図」を使って感情を変える

ダイエット中なのに甘いものに手が出てしまったのは、意志の弱さもあるでしょう。でも、意志の力を鍛えるよりも、感情を変えるほうが近道です。

しかも「宝地図」を利用すれば、無理なく感情を変えることができます。

画像や言葉を使って、目標を明確にし、達成したときのイメージをはっきりとすると、心がワクワクしてきます。

目標に向かってワクワクしながら、無理なく楽しく努力し続けることができるようになります。

ダイエットに成功して抜群のプロポーションを手に入れた姿をイメージできて、その姿にワクワクするようになれば、自ずと甘いものは我慢できるようになるのです。

「宝地図」が感情切り替えのスイッチになる

どういうわけか何もやる気が起きない……。誰にでもあることでしょう。そんなときに、偶然つけたテレビで、スポーツ選手が勝利する姿を目にして、心を打たれ「自分も頑張ろう」と心を立て直せることがあります。

テレビに映ったスポーツ選手の頑張る姿がスイッチとなって、感情に火がつき、やる気が出てきたのです。

人の頑張る姿はそれだけパワーを持っています。そして、そういう姿をできるだけ目にするようになれば、モチベーションをキープすることができます。

自分がやる気を起こしたいとき、「モチベーションを高める宝地図」を作っておき、それをよく目にする場所に貼っておきます。毎日、意識的に3回見るようにすれば、1日に3回モチベーションアップのスイッチを入れることになります。感情のスイッチのオンオフは自分で調整できるのです。

第４章
実践　夢をかなえる「宝地図」

「感情」編

「“自分は幸せ”と実感したい人」のための

幸せ宝地図

「幸せは幸せを呼ぶ」
過去の幸せを思い出そう

多くの人は、「自分は幸せではない」と思ってしまいがちです。本当は、感謝すべきことが身のまわりに満ちあふれているにもかかわらず、足りないものにフォーカスして不平不満を感じてしまうのです。過去に幸せを感じたことが思い出せるような「宝地図」を作ってみましょう。

「人生で起きたハイライト、ベスト10」をリストアップして書き出し、関連する写真を貼るのもおすすめ。幸せは幸せを呼ぶものです。幸せを１日に何度も感じましょう。

マジカルクエスチョン（究極の質問と実習）

- あなたは今、幸せですか？
- あなたが今、失うと困ること、悲しいことは何？　５つ挙げてみよう。それを今、持っていることに感謝し、感謝の気持ちを伝えよう。
- あなたがイメージする幸せって何？　成功？　豊かさ？　愛？　つながり？　毎日、幸せに近づいている？　それとも遠ざかっている？

アファメーション（賢者の言葉）

- ながめるだけで、幸せだなぁ
- 幸せは、あなたの中にある
- すべてはうまくいっている
- 生きているだけで丸儲け
- 幸せセンサーを磨こう
- 「幸福のことを考えれば幸福になる」（マーフィー）

夢に近づくビジュアル

- 多くの人の笑顔
- 万歳
- 抱き合って喜んでいる姿
- 花畑
- 満天の星
- オーローラ

第４章
実践　夢をかなえる「宝地図」

「感情」編

「感謝の気持ちに満たされたい人」のための

感謝宝地図

感謝の気持ちで満たされてこそ幸せを味わえる

明確な目標に向かって努力するのは素晴らしいことです。でも、将来の成功にフォーカスするあまり、今の自分を否定してしまう人が少なくありません。

幸せな人生のコツは、今あることに心から感謝することです。ところが、人はつい、足りないものにフォーカスして感謝を忘れてしまいます。「感謝宝地図」には、先祖や家族の写真、「五体満足に生んでくれてありがとう」といった言葉など、一瞬で感謝の心を思い出させてくれるような写真や言葉を貼りましょう。

見るたびに、あなたを感謝の状態に戻してくれます。

マジカルクエスチョン（究極の質問と実習）

- 幸せだから感謝するのではなく感謝しているから幸せなのだ。あなたは何に感謝している？
- 人生で、「感謝していることベスト10」を書き出そう。
- あなたが心から感謝している人は誰？その感謝の気持ちが伝わっているだろうか？感謝を伝えてみよう。

アファメーション（賢者の言葉）

- ながめるだけで、「ありがとう」
- 当たり前でないことに気づく
- 感謝は幸福のパスポート
- 「ありがとう」の量が幸せの量
- 「過度の感謝ほど、美しい行き過ぎはない」（ラ・ブリュイエール）

夢に近づくビジュアル

多くの人の笑顔

リボンがかかったプレゼントの箱

- 赤ちゃんを抱く母親
- 合掌
- 花束
- 芽生え
- 大自然の写真
- 太陽の写真

おじぎ

第４章
実践　夢をかなえる「宝地図」

「感情」編

「いつも楽しく過ごしたい人」のための

ゴキゲン宝地図

ゴキゲンタイムを増やして、人生をもっと楽しく！

一瞬でゴキゲンになる“ツボ”があります。デート中にケンカをしてしまった彼女に「ケーキでも食べようか！」と言った瞬間、笑顔が戻ることも。

一瞬で楽しさにフォーカスを変えてくれるような写真や言葉を、「宝地図」に貼りましょう。好きなタレントや家族の写真、とくに、可愛いかったころのお子さんの写真は効果絶大です。

毎日をゴキゲンで過ごしていると、まわりの人にもそれが伝わります。他人のご機嫌をとるのではなく、自分の機嫌は自分でとりたいものです。

マジカルクエスチョン（究極の質問と実習）

- どうしたら元気度、幸せ度を2倍、3倍、10倍にできるだろうか？
- あなたが元気をもらえる人は誰？どんなところに惹かれる？あなたの中にもその才能があることを思い出そう。
- 元気を感じるときのあなたの表情は？どんな体の使い方、言葉、イメージをしているか？

アファメーション（賢者の言葉）

- あなたが元気なら、誰かを元気にできる
- 元気は移る。移していこう
- あなたの笑顔は元気の証
- 元気があれば、何でもできる
- 「ほほえましい人生を送りたいなら、まずは、気分のよい生活を身につけるべきだ」（スピノザ）

夢に近づくビジュアル

- 多くの人の笑顔
- ハイタッチ
- 笑顔で走る子ども
- 太陽
- 大きな滝

第４章
実践　夢をかなえる「宝地図」

「感情」編

「ラッキー体質になりたい人」のための

幸運宝地図

逆転の発想を取り入れて、人生の「大逆転」を目指そう

かつて松下幸之助さんは、入社希望者と面接する際、「あなたは幸運な人ですか？」と尋ね、「はい」と答えた人だけを採用したといいます。

人は、つい自分を「ついてない」と思いがちです。いつも不幸自慢をする人さえいます。しかし、私たちの人生は、実は奇跡的な幸運の連続です。毎日食事ができるだけでも、世界基準ではかなり幸運なことです。

自分が幸運であることを思い出させてくれるアイテムを「幸運宝地図」に貼りましょう。幸運に感謝している人のもとに、本当の運がやって来ます。

マジカルクエスチョン（究極の質問と実習）

- 人は『70兆分の1という奇跡的な確率』で生まれてくる。あなたはどれだけ強運の持ち主か、考えてみよう。
- 「与える＝受け取る」ことだとしたら、あなたは、①どんな価値のあることを　②誰に　③いつ（できるだけ多くの機会に）④どうやって（できるだけ相手が受け取りやすい形や方法で）与えるチャンスを作る？

アファメーション（賢者の言葉）

- 生まれただけで、超ラッキー！
- 「ラッキー」と言い続ける人のところに運が来る
- 日々の「ラッキー」に感謝
- この時代、日本に生まれて最高にラッキー
- ツイてる、幸せ、ありがとう
- 「想像もつかないくらいついてる！」（斎藤一人）

夢に近づくビジュアル

- くしゃくしゃの笑顔
- カジノ
- 積み上げられたチップ
- 四ツ葉のクローバー
- 宝くじ
- 幸運だと思った瞬間

第４章
実践　夢をかなえる「宝地図」

「感情」編

「やる気を高めたい人」のための

モチベーション宝地図

感情を高める写真を集めて
気持ちを高揚させよう

人にはそれぞれ、やる気のスイッチがあります。見るだけでスイッチが入る「宝地図」を作りましょう。

マイホームや高級車がスイッチとなるなら、その写真を貼りましょう。家族のためなら頑張れるという人は、家族の写真とともに、子どもが書いてくれた手紙なども貼るとよいでしょう。偉人の言葉が胸に響く人は、筆書きして貼るのも効果的です。

この「モチベーション宝地図」は、モチベーションが高いときに作っておくことをおすすめします。見るだけで、そのときの状態を思い出すことができます。

マジカルクエスチョン（究極の質問と実習）

- 人生で一番重要なことは「一番重要なことを一番重要に扱う」こと。最重要なことは何？最優先している？
- 情熱は人生を動かすガソリン。情熱の炎を燃え立たせるものを近づけ、消し去るものを解決するか、遠ざけよう。
- 今が行動を起こす最大のチャンス。夢実現のために何をする？

アファメーション（賢者の言葉）

- エネルギッシュな人生を
- どうせやるなら前向きで
- 私の瞳が燃えている
- 湧き上がる情熱
- 「すべてが失われようとも、まだ未来が残っている」（クリスチャン・ネステル・ボヴィー）

夢に近づくビジュアル

- 気合を入れているポーズ
- チームで円陣を組んでいるシーン
- 「ロッキー」（映画）
- 松岡修造
- 森田健作

第４章
実践　夢をかなえる「宝地図」

「感情」編

「自分も他人も励ましたい人」のための

応援宝地図

情報を選んで楽しいものを見ると気持ちも前向きになる

人生には波があるもの。少し下がり気味のとき、気持ちが暗くなるようなニュースばかりを見てしまうと、「世の中、いいことはない」と気持ちがどんどん下がってしまいます。そんなときこそ、楽しい連想ができるものを大量に見るようにすると、「人生、悪いことばかりじゃない」と前向きになれるものです。

最高に気分がよいときに、落ち込んでいる友人を励ますような気持ちで「応援宝地図」を作ってみましょう。気分がダウンしているときでも、見れば励みになります。

マジカルクエスチョン（究極の質問と実習）

- あなたが天才的な才能を発揮できるとしたら、あなたは誰のどんな活動を応援したいか？
- あなたがどう改善したら、神様が（見ているとして）一層応援したくなるだろうか？どんなことをしたら、一層応援したくなるだろうか？
- あなたが好きな激励の言葉は？

アファメーション（賢者の言葉）

- 励ます私が元気になる
- 私の応援が、世界を変える
- 言葉はエネルギー
- フレー、フレー、○○（名前）
- 「人のためになにかすることで、だれもが素晴らしい人になれます」（マーティン・ルーサー・キング）

夢に近づくビジュアル

- 声援を送っている人
- 応援旗
- ブラスバンド
- トランペット
- 握手をするシーン
- パーティー会場で拍手をしているシーン

第4章
実践　夢をかなえる「宝地図」

「感情」編

「心にオアシスを感じたい人」のための

ホビー宝地図

多忙でも簡単にリフレッシュできて仕事もスイスイはかどる

大好きなもの、熱中しているものは、思い出すだけでも幸せな気分になり、楽しい気持ちがよみがえります。

趣味が釣りだったとします。仕事が忙しくてなかなか釣りに行けないとき、釣りに行ったときの写真や、今度、行こうと考えている釣り場の情報をながめているだけで、心のオアシスのようなものを日々感じることができます。心がリフレッシュできれば、仕事もはかどるでしょう。

マジカルクエスチョン（究極の質問と実習）

- 無限に時間が
  与えられているとしたら、
  その趣味は何時間やりたい？
  それをやり遂げたらどう思う？
  一生やり続けたいと思うか？
- どうすればあなたの趣味から
  実益を生み出せる？
- あなたの趣味は人生に
  どんな彩りを添えているか？
  それは暖かい色か涼しい色か？

アファメーション（賢者の言葉）

- 趣味がより楽しくなる
- ワクワクは心の栄養
- 楽しいだけじゃない、
  何かが生まれる
- 趣味は私らしさの大部分
- 「趣味を持つには
  魂を持たねばならぬ」
  （ヴォーヴナルグ）

夢に近づくビジュアル

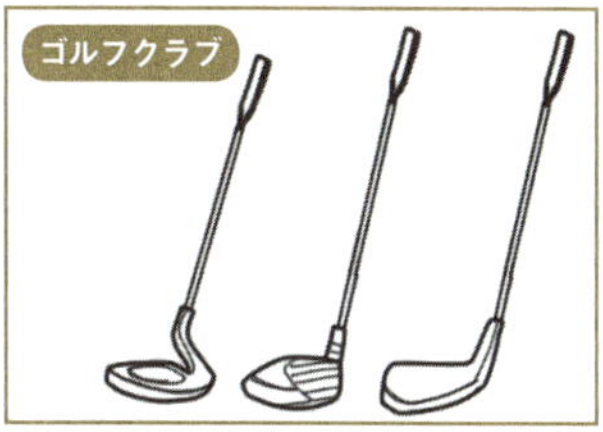

- お稽古《けいこ》ごとの写真
- 優勝カップ・トロフィー
- 仲間との談笑のシーン
- 旅行の写真（野山・海）
- ドライブ
- 趣味のものが
  展示してある書斎

第4章
実践　夢をかなえる「宝地図」

3

「人間関係」編

人生の質は人間関係で決まる

釈迦の弟子の阿難が「よき友を得るということは、聖なる道の半ばを手に入れたと言っていいのではないでしょうか」と尋ねたところ、釈迦は「よき友を得ることは聖なる道の〝半ば〟ではなく、聖なる道の〝すべて〟である」と答えたそうです。人生は人間関係で決まるともいえるでしょう。

もちろん、知り合いを増やせばいいというものではありません。よく、パーティーや異業種交流会で多くの方と名刺交換をすることに一生懸命な人をお見かけしますが、せっかく出会ってもその先のご縁につながらないのなら、それはただすれ違っただけといえるかもしれません。もっとも、「袖振り合うも多生の縁」といいますが……。

私がおすすめしたいのは、「今、身近にいる人を大切にすること」です。

目の前の人を目いっぱい大切にする人は、多くの人に好かれます。そして、そのような人には、すてきな友人を紹介したいと思うものです。このように、その人自身に魅力があれば、とくに頑張らなくても、素晴らしい交遊関係が自然と広がっていくのです。

「宝地図」は、家庭円満のお守りにもなる！

家庭や人間関係が安定し、いつでも戻ってこられる場所があると、人は思いきりよく外に飛び立つことができます。

子どもでもそうです。冒険できるのは、安定した家があるからです。

男女関係でも同じ。2人が信頼し合って関係が安定していれば、それぞれが外で自由に頑張ることができ、夢の実現もスムーズに進められるのです。

「宝地図」には、ほしいものだけでなく、「幸せな家庭を築く」といった人生の指針になることも必ず入れておきましょう。家庭円満を願う「宝地図」であれば、家族の幸せそうな顔写真が効果的。家庭円満のお守りになります。

自分が変わると人間関係が良好になる！

「過去と他人は変えられない」

と言われます。その方法がないわけではありませんが、やはり未来や自分を変えるほうが手っ取り早いでしょう。

自分が大きく変われば、まわりの人に影響を与えます。その結果、なかにはつられて変わる人もいますが、あまり変わらない人もいます。

ただし、多くの場合、「つきあう人の質」が変わります。あなたがいい方向に変われば、それに釣り合う人を引き寄せるようになるのです。

パートナーを見つけたい人にも同じことがいえます。理想の相手と巡り合いたいなら、どんな相手が自分に合っているのかを具体的にイメージすると同時に、そういう相手にふさわしいのはどんな自分か、考えてみるのです。

「宝地図」にそれをリストアップして、持ち歩いていると、さまざまなきっかけで運命の出会いを引き寄せられます。

第4章
実践　夢をかなえる「宝地図」

「人間関係」編

「理想のパートナーを見つけたい人」のための

恋愛宝地図

自分も変わり
相手を引き寄せやすくなる方法

理想の相手を見つけたい人は、まず、どんな相手が自分に合っているか、リストアップしてみましょう。なかには、数限りない条件を列挙する方がいるでしょうが、全部当てはまるのはむずかしいかもしれません。絶対はずせない３項目ぐらいを明確にしておくとよいでしょう。

「その相手にふさわしいのはどんな自分か」も書き出しておくと、自然と自分磨きを心がけるようになり、理想の相手を引き寄せやすくなります。

マジカルクエスチョン（究極の質問と実習）

- 理想のパートナーはどんな人？
  性格は？　外見は？
  どうしてもはずせない条件が
  あるとしたら何だろう？
- 理想のパートナーに
  ふさわしい自分になるには
  何が必要か？
  どんなことからはじめる？
- あなたにとって、恋愛とは？
  パートナーシップとは？

アファメーション（賢者の言葉）

- ともに成長していこう
- 一緒なら、何があっても大丈夫
- つらさ半分、楽しさ2倍
- あなたは私が守ります
- 「もし本当に愛したいと
  願うなら、ゆるすことを
  知らなければなりません」
  （マザー・テレサ）

夢に近づくビジュアル

ラブラブな2人、つないだ手

結婚式のシーン

- 夕暮れの海にたたずむ2人の
  シルエット、老夫婦
- レストラン、遊園地、観覧車、
  海岸、クルマ、花火（デートの定番）
- チャペル
- バージンロード
- 神父さんの前で誓うシーン
- ブーケ（トス）
- ハートマーク

新婚旅行の写真

「人間関係」編

「家族の絆を深めたい人」のための

家庭愛宝地図

夫婦仲がよくなって 家族がハッピーになる

「宝地図」はひとり１枚だけでなく、家族全員で１枚でもOKです。１枚の「宝地図」に家族それぞれの夢を描くと、当然、「お互いの夢が何か」を知ることになります。相手の望むことがわかったとたん、夫婦仲がよくなったという話を聞くこともしばしば。家族でお互いの夢の実現を祈れば、引き寄せる力も強くなります。

　また、「宝地図」は、子どもに未来や夢を生き生きと描かせることができます。ぜひ、お子さんのドリーム・メーカーになってください。

マジカルクエスチョン（究極の質問と実習）

- 突然、家族がいなくなったら
どんな感情が出てくる？
今、大切な人が目の前に
いることに感謝し、ひと言でも
いいから感謝の思いを伝えよう。
- 結婚したとき、
子どもが生まれたとき、
あなたが誓ったことは何？
それを日々思い出そう。
- 大切な人に言いたいのに
言えないでいることがある？

アファメーション（賢者の言葉）

- 「子は宝」を
いつも思い出すために
- 家族は小宇宙。小宇宙が平和に
なれば、世界に平和が訪れる
- 子どもの成長を
見守ることのできる喜び
- 子どもが生まれてきてくれた
ときの喜び、忘れないで
- 「子どもたちは神の賜り物」
（『旧約聖書』）

夢に近づくビジュアル

- 親子の笑顔の写真
- 鎧兜《よろいかぶと》、雛《ひな》人形
- 母子手帳
- 柱の傷
- 幼稚園入園・卒園
- 子どもの将来像を象徴する写真

第４章
実践　夢をかなえる「宝地図」

「人間関係」編

「日常に楽しいことを増やしたい人」のための

記念日宝地図

“ドキドキ”ときめく日が増えて子どもも大喜び

“記念日”があると日常が楽しくなります。「はじめて彼とデートをした記念日」「子どもがはじめて歩いた記念日」など、自分や家族の象徴的な日を思い出せるような画像や文字を貼っておけば、見るだけで心がハッピーになります。

親が子どもに対して、「記念日宝地図」を作ってあげれば、子どもは「愛されている」と実感できて、自己重要感が高くなります。その結果、のびのびと成長し、幸せな人生を歩むようになるでしょう。

マジカルクエスチョン（究極の質問と実習）

- 「毎日が記念日」
  「毎日が祝日」だとしたら、
  今日はどんな記念日だろう？
- あなたの「記念日ベスト」を書き出そう。大切な人の「記念日ベスト3」を聞いてみよう。
- あなたがお祝いしてもらってうれしかったことは何？
  そこに誰がいた？
  何が起こった？

アファメーション（賢者の言葉）

- 一生の想い出を形に
- 楽しさを何度も味わえる
- 記念日は何回も思い出そう！
- あの日があったから今がある
- 「幸福になりたいのなら、
  まず、人を喜ばせることから
  はじめたまえ」
  （マシュー・ブリオール）

夢に近づくビジュアル

幸せそうな家族写真

バースデーケーキ

- ツーショット写真
- パーティー風景
- 結婚式場
- 運動会
- 学芸会
- 入学式、卒業式

チャペル

第４章
実践　夢をかなえる「宝地図」

4

「生活習慣」編

習慣が人生を作っていく

夢を実現するために大切なのは「行動すること」、そしてそれを「継続すること」です。行動を継続していくと「習慣」に変わります。「習慣を制する者が人生を制する」といわれるくらい、習慣は人生を作っていくうえで重要です。

習慣には、いつのまにか無意識的に習慣になってしまったものと、意図的に形成したものとがあります。

大学生になって徐々に起床時刻が遅くなっていくのは、前者の例です。あらゆる手段を尽くしてようやく禁煙に成功したというのは、後者の好例です。子どものしつけも、親の意図による習慣化といえるでしょう。

多くの人は楽なほうに流れるもの、悪癖は簡単に身につきます。

これに対し、よい習慣は、習慣化するまでにそれなりの努力や工夫が必要となります。そのコツのひとつが、**「痛みと快楽の書き換え」**です。

タバコを例にすると、喫煙を続けたときに失う健康やお金に十分な痛みを感じ、禁煙に成功したときに得られる空気やご飯の美味しさに十分な快楽を感じるのです。これが潜在意識レベルに落とし込まれたら、無理なく禁煙に成功できます。この潜在意識の書き換えに威力を発揮するのが「宝地図」なのです。

習慣は継続してこそ身につく！

継続して「習慣」にしたいことを「宝地図」にしてみましょう。

整理整頓を習慣にしたいのであれば、習慣化したい理由を書き、きれいに整理された部屋の写真を貼ったり、整理整頓の標語を書いたりして、「宝地図」を作ります。そして、何部かコピーして、机の上や寝室などよく見えるところに貼っておきます。

私はかつてクルマで営業をしていたとき、赤信号で止まるとイライラしていました。そこで、「止まったときに深呼吸をする習慣」を身につけたいと思い、ダッシュボードに「深呼吸」と書いた小さな紙を貼っておきました。いつのまにか「深呼吸」する習慣が身について、イライラしなくなりました。

また私は、講演のネタを常に探す習慣を身につけました。いったん、習慣になってしまえば、あとは脳が自動的に情報をキャッチするようになりますし、ほしいときに必要な情報を取り出せるようになります。

あなたも、夢を実現するために身につけたい習慣は何か考えてみましょう。

習慣次第で美しくもなれる！

「痩せたい」「きれいになりたい」という夢の実現も習慣次第です。

もう少し痩せたいなら、冷蔵庫のドアに「ダイエット宝地図」を貼っておいて、余分に食べないことを習慣化する。

お肌がきれいになりたいなら、「美肌宝地図」を作り、夜更かしをしないようにし、しっかり肌のお手入れをすることを習慣化する。

未来のあなたは今のあなたの習慣が作っていくのです。

第4章
実践　夢をかなえる「宝地図」

「生活習慣」編

「理想の体型になりたい人」のための

ダイエット宝地図

憧れのモデルのプロポーションも「宝地図」で手に入れられるかも

「ダイエットをして美しい体型になりたい」という目標も、「宝地図」にすれば効果が期待できます。まず、「○○kgに痩せて、理想の体型になる」などと具体的に目標を設定。自分がなりたいプロポーションのモデルや女優の写真を貼って「宝地図」を作ります。

ウエストや脚など、部分痩せを目指す場合も、その部分の写真を貼るのが効果的です。何枚かコピーして、お風呂場や、キッチン、冷蔵庫の扉や体重計などよく目にするところに貼りましょう。

マジカルクエスチョン（究極の質問と実習）

- 楽しくダイエットするにはどうしたらいい？
- 理想の体型になったらどんな気分になる？人生がどう変わる？
- もし、一生今のままの体型だとしたら、どんな感じがする？
- どんな服を着たいだろうか？

アファメーション（賢者の言葉）

- なりたい自分に必ずなれる
- スリムになって心も軽い
- ブカブカになった服にサヨウナラ
- 贅肉のない人生
- 「美は真理の輝きである」（プラトン）

夢に近づくビジュアル

自分のおなかを凹ませた写真

モデルやタレントの写真

- みずみずしい果実（かんきつ類、桃など）
- エステサロンで施術中
- 半身浴
- ウォーキング
- ジョギング
- 水泳

ヨガ、ストレッチ

第4章
実践　夢をかなえる「宝地図」

「生活習慣」編

「健やかな人生を送りたい人」のための

健康宝地図

元気だった自分の姿を励みにすれば病気からの回復にも効果が期待

健康な毎日を送りたいのなら、そのために具体的に何をすればいいかを「宝地図」に描きましょう。

病気にかかっていて回復したい場合は、自分が元気にしていたときの写真を「宝地図」に貼るのがおすすめです。自分を励ます効果が期待できます。

また、「治ったら、家族でハワイ旅行をする」「○○のコンサートに行く」などワクワクするような目標を掲げるのもひとつの手。「野菜中心の食事にする」「何事にも感謝する」など、そのゴールに向けて「するべきこと」も貼っておくとよいでしょう。

マジカルクエスチョン（究極の質問と実習）

- 一生「健康」と「若さ」を保証されているとしたら、具体的な価値はどのくらいか？
- もし健康や若さを損なったら何を失うか？　どんな気分か？　そうならないためにどうすればよいか？
- 不治の病に侵されたとする。健康を取り戻せるならいくら払うか？　どんな代償を払うか？

アファメーション（賢者の言葉）

- 健康は幸せの必要条件
- 失ってはじめてわかる健康のありがたさ
- 病は気から、元気も気から
- 笑顔は健康のバロメーター
- 「肉体の健康にまさる富はない」（『旧約聖書』）

夢に近づくビジュアル

スイミング

おいしくご飯を食べている姿

- ジョギング姿、ウォーキング姿
- 登山（ハイキング）
- 公園で遊ぶ子どもたち
- 自分が元気はつらつとしている写真
- 自分の最高の笑顔の写真
- ヨガ、ストレッチ

みずみずしいフルーツ・野菜

第４章
実践 夢をかなえる「宝地図」

「生活習慣」編

「よい習慣を身につけたい人」のための

習慣形成宝地図

習慣を身につけて、ほしい人生を手に入れる

「習慣を制する者が人生を制する」といわれるほど、習慣が人生を作っていきます。

自分のビジョンを描いたときに、何が一番求められている習慣なのかを考えましょう。その習慣化したいことをリストや標語、図にして「宝地図」を作り、よく見る場所に貼っておくと自ずと習慣が身についていきます。

たとえば、笑顔を習慣にしたいのなら、いつも見る鏡の横に笑顔のイラストを貼るだけでも効果があります。

マジカルクエスチョン（究極の質問と実習）

- あなたの人生の質を飛躍的に高める習慣は何？
- あなたが望む人生を生きるために、断固としてNO（YES）と言わなければならないことは何だろう？
- 今はじめることができて、３年後に「よかったな～」と思う習慣は何？

アファメーション（賢者の言葉）

- 習慣を制する者が人生を制する
- 継続は力なり。継続こそ力なり
- 習慣は第二の天性
- 習慣力は人間力
- 誰もができることを誰もができないレベルで徹底しよう

夢に近づくビジュアル

- ぐっすり安眠できている写真
- 貯金箱を開封するシーン
- 木漏れ日の差す森林
- 手帳
- 日記をつけるシーン
- 英会話をしているシーン

第４章
実践　夢をかなえる「宝地図」

「生活習慣」編

「お酒やたばこをやめたい人」のための

禁酒・禁煙宝地図

今までやめられなかったお酒やたばこも「宝地図」できっぱり縁を切る

禁酒や禁煙をしたい場合は、飲酒、喫煙の習慣によって将来どんな痛みが出てくるのか、想像させるような写真や絵で「宝地図」を作るのがおすすめです。

同時に、禁酒や禁煙が成功したときのイメージやメリットも載せます。１日１箱禁煙したら、いくらお金が貯まるか。お酒を１年やめたら、体の調子がどれくらいよくなるかも書くとよいでしょう。禁煙中のイライラを解消できるように、海岸や山の木立ちなど、リラックスできる写真を貼るのも効果的です。

マジカルクエスチョン（究極の質問と実習）

- 今までたばこ代に総額どのくらい使ってきたか？ それを本当にやりたいことに使ったとしたらどんな気持ちがするか？ 人生はどうなっているか？
- あなたにとって健康はどのくらいの価値がある？
- 禁煙や禁酒に成功したとき、得られるものは？

アファメーション（賢者の言葉）

- 健康は最大最高の財産
- 貯金と健康、一石二鳥
- 煙よりもフレッシュな空気
- 百害あって一利なし
- 「健康は、この上なく高価で、失いやすい財宝である。ところが、その管理はこの上なくお粗末である」（ショーヴォ・ド・ボーシェーヌ）

夢に近づくビジュアル

長寿のお祝いのシーン

深呼吸

- スイミング
- ハイキング
- 木漏れ日の見える森林
- 空気清浄器
- 孫をあやす祖父母の写真

ランニング

第4章
実践　夢をかなえる「宝地図」

5

「メッセージ」編

社会貢献をする
NPOをたち上げる
心をひとつに、
絆を大切に!
売上達成
ともに同じ方向を
見ている集団
日本人の素晴らしさを
再発見できた震災
PRAY
FOR
JAPAN
世界の平和は
豊かさを生む
何があっても笑顔を忘れない
子供達のために

「宝地図」は、夢が詰まった芸術作品

「宝地図」はもともと、自己実現や個人の夢をかなえるためのツールでした。何度もながめているうちに潜在意識が少しずつ書き換えられ、無理なく楽しく成功に向かって行動し続けられる。そして、気づいたら夢がかなっている。その基本は今でも変わっていません。

ところが、「宝地図」には、別の一面があることに、私は気づいたのです。それは、「宝地図」が鑑賞に値する〝作品〟だということです。

私は定期的に「宝地図」を実際に作成するセミナーを実施しています。参加者のみなさんの生き生きとした表情を見るのを楽しみしているのと同時に、どんな「宝地図」を見せてくれるのか、いつもワクワクします。そして、こちらの予想を超えた作品に、毎回新たな感動を覚えます。

実をいうと、いつの日か「宝地図ミュージアム」を作り、たくさんの「宝地

図」を芸術作品として展示したいという夢を、私は抱いています。

感動を呼ぶ動画、「宝地図ムービー」

1分にも満たないわずかな時間で多くの人の気持ちを変えてしまうもの、それがテレビCMです。お酒を飲めない私でも、夏にビールのCMを見ると、思わずグッと一杯やりたくなってしまいます。新聞や雑誌の広告にも素晴らしいものはありますが、感情に訴える力ではテレビが数段勝っているでしょう。

動画プラス音楽の力を「宝地図」にも取り入れたものが「宝地図ムービー」です。コルクボードに貼りつけた内容を、好きな音楽に乗せて表現するのです。一定の時間内に画像と言葉が流れるので、よりストーリー性が増しました。

この「宝地図ムービー」も、もともとは自分自身に向けたものでしたが、コルクボードの「宝地図」よりもさらに、見る人を魅了するものとなったのです。

セミナー内で参加者のみなさんの作品発表会を行うと、もう感動の嵐！人に見せるための作品として、十分すぎる出来映えでした。

よりよい世界のためのメッセージ

中学校の体育教師だった腰塚勇人さんは、スキーの事故で頚椎《けいつい》を骨折し、一生寝たきりの可能性もあった中、懸命のリハビリで歩けるまでに回復しました。そして、そのストーリーを「宝地図ムービー」にして動画サイトで公開したところ、多くの人の感動を呼びました。本として出版され、人気テレビ番組のメインでも取り上げられました。

また、同じく教師の鮫島秀巳さんは、東日本大震災の数日後、いち早く応援ムービーを動画サイトにアップしたところ、90万近い再生数とともに多くの感動の声を集めました。

世間には暗いニュースやネガティブな情報があふれています。でも、わが国にはすてきな人がたくさんいますし、世界は美しさに満ちています。こうした側面にスポットを当てる人が増えれば、世界がよりよいものになっていくことでしょう。あなたも、世界に向けてすてきなメッセージを発信してみませんか。

第4章
実践　夢をかなえる「宝地図」

「メッセージ」編

「仲間たちと夢を実現させたい人」のための

同志宝地図

目的をピンポイントで確認すれば、パワー１点集中でブレない！

仲間とともに夢を実現したいと願うなら、みんなでひとつの「宝地図」を作りましょう。そうすると目的を共有でき、ゴールまでの道にブレがなくなります。

目指す地点が決まっていれば、そこに至るまでに何をすべきか、熱のこもった議論ができます。そして、その話し合いを通して、さらに絆を深めることができます。ぜひ「宝地図」を活用してください。

マジカルクエスチョン（究極の質問と実習）

- 余命わずかの大親友から、『私の分も生きて、人生を思う存分生ききってくれ』と言われたら、どんな思いで今日を生きる？
- あなたが親友と交わした約束はある？
これから出会う人とどのような約束を交わし、友情を育みたい？

アファメーション（賢者の言葉）

- どうしても、
なくてはならない存在
- 私がいるから頑張れる
- ともに同じ方向を見ている集団
- ときには厳しく、
ときには優しく
- 「群がる蟻は、
ライオンを倒せる」
（サアディー）

夢に近づくビジュアル

目標達成の瞬間

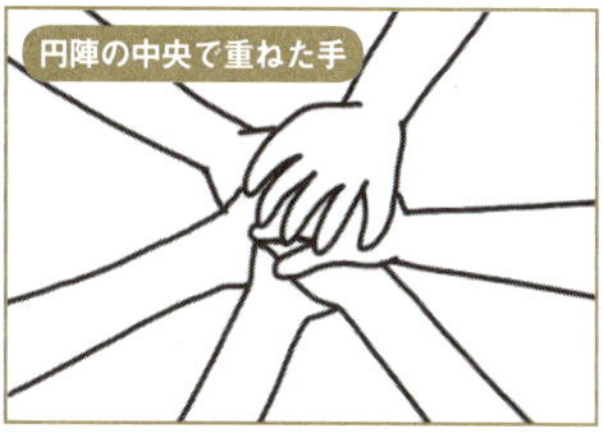
円陣の中央で重ねた手

- 胴上げシーン
- パーティーの乾杯シーン
- 壇上で挨拶
（拍手で迎えられる）
- 隊列を組んで飛ぶ渡り鳥
- 固い握手

スクラムを組むラガーマン

第４章
実践　夢をかなえる「宝地図」

「メッセージ」編

「社会のために何かしたいと思っている人」のための

社会貢献宝地図

魂の喜びを感じながら、人のために尽くそう

「世のため人のため貢献したい」という思いは、人間の欲求の中でも最上級のものといわれます。無理に奉仕活動や寄付をする必要はありませんが、そういった貢献を心から喜びと感じられる人は、さらに意欲が湧いてくるような「宝地図」を作ってみてください。

マザー・テレサなど尊敬する人の写真や、多額の寄付をした人の新聞記事など、魂に響くものを目にしながら、貢献を楽しんでください。貢献のマインドを持っている人は、目先の利益を追い求めなくても、いつのまにか成功者になっているものです。

マジカルクエスチョン（究極の質問と実習）

- 神様から「何でもあなたの望むことを、ひとつだけかなえてあげよう」と言われたら、あなたは世の中がどうなることを望む？
- 世界平和のために、今すぐできることは？毎日、継続的にできることは？

アファメーション（賢者の言葉）

- 人類共通の夢
- まずは、身のまわりの平和を成し遂げよう
- ジョン・レノンもマイケル・ジャクソンも、ずっと願い続けた
- 世界の平和は、豊かさを生む
- 「正義の実は、平和をつくり出す者によって平和の時に蒔かれる」（『新約聖書』）

夢に近づくビジュアル

ダイアナ妃、マザー・テレサなど

緑の地球

- 鳩
- 森の動物たち
- 笑顔の写真
- オリンピック
- 募金箱

手をつなぐ子どもたち（多人種）

第４章
実践　夢をかなえる「宝地図」

「メッセージ」編

「日本人の底力を信じる人」のための

日本復興宝地図

希望を「宝地図」で共有し、子どもたちに明るい未来を託す

東日本大震災。壊滅的な被害に、世界中が哀悼の意を示しました。多数の犠牲者やそのご家族のことを思うと、今でも心が痛みます。

とはいえ、私たちがすべきことは、いつまでも悲嘆に暮れることではありません。心をひとつに力を合わせて、この国を復興させることが、残された者の責務です。私の仲間は、「日本復興のための宝地図」を作りました。とくに、「宝地図ムービー」は、動画サイトで多くの方々から感動の声をいただきました。「宝地図」が、東日本の復興の一助となることを願ってやみません。

マジカルクエスチョン（究極の質問と実習）

- あの日、
  あなたは何をしていた？
- 彼らのために、
  あなたはこれまで何ができた？
  これから何ができる？
- あなたが首相（オピニオン・リーダー）だったら
  どんな活動をする？
  どんな呼びかけをする？

アファメーション（賢者の言葉）

- 心をひとつに、絆を大切に
- 何があっても笑顔を忘れない
  子どもたちのために
- 数々のピンチを乗り越えて
  きたのが日本人の力である
- 「日本人には内なる強さがある。
  あなたが力を取りもどすまで、
  私は歌い続ける」
  （シンディー・ローパー）

夢に近づくビジュアル

日本地図にハートマーク

「PRAY FOR JAPAN」のマーク

- 世界から愛が日本に
  届けられる象徴的な写真
- 避難所で遊ぶ子どもたち
- 被災場所に立つお年寄り
- 活動する自衛隊
- 津波に負けずに立つ木
- 戦後の復興の写真

ボランティアの若者

第４章
実践　夢をかなえる「宝地図」

「メッセージ」編

「ありがとうを伝えたい人」のための

感謝状宝地図

ありがとうの気持ちは、少しおおげさにでも伝えよう

感謝状とは、人命救助や高額の寄付など、何か特別なことをしたときに授与されるのが一般的です。でも、こんなすてきな表現方法を一部の特別な人たちに独占させておく手はありません。私たちも、感謝の気持ちを形にして身のまわりの人に伝えてみましょう。ありがとうは、少しおおげさぐらいがちょうどいいのです。

感謝状の台紙は文具店でも買えますが、手作りでもかまいません。感謝の気持ちと、それが伝わるような写真を貼って、大切な人にプレゼントしましょう。

マジカルクエスチョン（究極の質問と実習）

- あなたが感謝したい人は？ あなたと同じ思いを持っている人はどれだけいる？（みんなで感謝を伝えたい人は誰？）
- 「ありがとう」をちゃんと伝えているだろうか？ どんなメッセージを伝えるだろうか？
- もし感謝を伝えないうちに別れが来たら、どんなに悔やむだろうか？

アファメーション（賢者の言葉）

- 「ありがとう」の言葉代わりに
- 感謝の心を形に残す
- 感謝を伝えたい人がいる幸せ
- ひとりで伝えるより、みんな一緒に
- 「感謝の念とは、心に書き留めた記憶である」（B・マッシュウ）

夢に近づくビジュアル

感謝状

バラの花束

- 寄せ書きの写真
- 笑顔の記念撮影
- リボンがかかったプレゼントの箱
- 花束
- 感謝状授与のシーン

祖父母に肩たたきをする孫

「メッセージ」編

「大好きなペットとともに暮らしたい人」のための

ペット大好き宝地図

愛すべきペットがそばにいるだけで、心癒され、人生が楽しい

ネコやイヌの写真入りの名刺を営業ツールにして成功している人がいます。かわいいペットの写真は見ているだけで癒されます。

飼い主にとって、ペットは家族同然の存在です。いつも癒やしてくれることへの感謝を、「宝地図」であらわしてみましょう。まだ小さかったころの写真などは、感慨深いものがあります。

これからペットを飼いたいと思っている人は、イメージに合う写真を貼るとよいでしょう。あなたに一番合った子を引き寄せますよ。

マジカルクエスチョン（究極の質問と実習）

- ペットはたぶん、
  あなたより先にこの世を去る。
  ペットの一生から、
  何を教えてもらえるのか？
- ペットはあなたを癒し、
  救いに現れたのかもしれない。
  あなたはペットから、
  どんなものを与えられたか？

アファメーション（賢者の言葉）

- 嫌なことがあっても、
  すぐ笑顔になれる
- 好きなものと
  一緒にいられる幸せ
- ペットは家族
- わが家のムードメーカー
- 「犬は持っているものすべてを
  我々に投げ出す。
  彼らの生活の中心が我々で、
  愛、信仰、価値のすべてである」
  （ロジャー・カラス）

夢に近づくビジュアル

ペットとたわむれている子どもの写真

ネコやイヌの写真

- 獣医さん
- ネコやイヌの親子の写真
- ペットショップ
- ペットの写真集の表紙
- ペットグッズの写真

小動物（うさぎなど）

まだまだある「宝地図」の実践アイデア

「感情」編

笑顔宝地図

子どもたちや友だち、家族の“笑顔の写真”をたくさん貼った「宝地図」を家に飾っておくと、見ているだけで、楽しく、家族みんなが笑顔になれます。

「夢・成功」編

学習宝地図

成績アップ（○点アップ、○位以内など）や、問題集を１冊終える、といった具体的な目標を書きます。暗記したいことなどを貼っておくと、何度も見るので自然に覚えられます。

「人間関係」編

人脈宝地図

自分が出会った人の写真を貼り、どんな影響を受け、相手にどんな貢献ができたかを考えましょう。ご縁の貴さを再確認し、出会ったすべての人に感謝できます。

「感情」編

やる気スイッチ宝地図

やる気を出すためのスイッチを持っているのは自分自身。これまで自分のやる気が出たときのことを思い出し、そのときの写真や、やる気が出る言葉を「宝地図」にします。

「人間関係」編

人格向上宝地図

たとえば「マザー・テレサのような人になりたい」と思ったら、彼女の写真を貼るとともに、どんなところに惹かれるのか書き出して「宝地図」に貼りましょう。

「人間関係」編

ヒーロー宝地図

憧れの人やあなたにとってのヒーローの写真を「宝地図」に貼りましょう。そして、毎日その人になりきって行動しましょう。少しずつ、その人に近づくことができます。

「生活習慣」編

ジョギング宝地図

走る気分になるための「宝地図」です。走りたくなるような森や海辺の写真、ジョギング中に聴きたい音楽をリストアップ。いつまでに何km走るか、具体的目標を立てると効果的。

「生活習慣」編

アンチエイジング宝地図

「宝地図」はアンチエイジングにも効果的です。若々しい自分のイメージを胸に刻み、楽しくケアしましょう。夢を持つだけでも、気持ちが若々しくなります。

まだまだある「宝地図」の実践アイデア

「メッセージ」編

世界平和宝地図

世界平和は、人類最大のテーマのひとつです。平和の素晴らしさをイメージできるような「宝地図」を、ムービーなどで作りましょう。世界の誰かの心を動かすかもしれません。

「生活習慣」編

美肌宝地図

美しい肌を目指す人のための「宝地図」。なりたい肌のモデルや女優、すべすべ肌の赤ちゃんの写真などを貼ります。肌によい食材や料理をリストアップするのもおすすめです。

「メッセージ」編

アイデア宝地図

大好きなクリエイターが手がけた作品やイラスト、ヒット商品の写真などを貼ってみましょう。「アイデア宝地図」を見るたび、創造力がかき立てられるでしょう。

「メッセージ」編

寄せ書き宝地図

誰かにあてて、誰かのために、みんなで「宝地図」を作ってあげましょう。応援メッセージや、仲間と一緒に撮った笑顔の写真を見れば、きっと勇気が湧いてくるはずです。

「メッセージ」編

風水宝地図

風水の知恵に、「宝地図」をコラボさせてみましょう。たとえば、金運アップの黄色いものの近くに、金貨や札束が山と積まれた写真を貼るなど。楽しく運気を上げられます。

「メッセージ」編

プロモーション宝地図

お客様に喜んで購入していただくには、その商品を手にしたとき、どんな喜びが得られるかを提示するのが効果的です。「宝地図」を使って、その喜びを感じてもらいましょう。

「メッセージ」編

価値観宝地図

自分の価値観や人生観など、自分を作り上げる軸となるものを「宝地図」で明確にしておきましょう。人としてどうありたいか、どう生きたいか、迷ったときの指針となります。

「メッセージ」編

瞑想宝地図

瞑想のリードをしてくれるような写真や言葉を「宝地図」に貼り、あなたの部屋の聖域に置いてください。そして、「宝地図」の前で毎日静かに心を整える習慣を作りましょう。

今日1日が宝物になる「デイリー宝地図」

小さな目標達成の積み重ねが大きな夢の実現につながる

「宝地図」は、人生の長期的な、大きな夢をかなえるために作るものです。しかし、短期的な、小さな目標を実現するためにも、「宝地図」はおすすめです。

小さな目標達成の積み重ねが大きな夢の実現に結びつくと考えれば、日々、小さな成果を上げ続けることこそ大切といえます。

そこでここでは、小さな目標を確実に達成することを目指して作る、**「デイリー宝地図」**を紹介したいと思います。

「デイリー宝地図」は、Ａ４（30×21㎝）サイズくらいの**「ホワイトボード」**で作ります。まず、中心に**自分の笑顔の写真**を貼ります。ガッツポーズなどを撮った写真でもいいでしょう。

次に、ボードの下のほうに、目標の大学やなりたい職業など、**「将来の大きな夢」に関する写真を**貼ります。見ただけで気持ちが高ぶるような、ぱっと見てイメージしやすい写真がいいでしょう。さらに、その目標を文字で書き入れます。「〇〇大学合格！」「日本一の外科医になる！」など、具体的にすると目標が潜在意識に深く刻まれるようになります。

そして、ボードの上のほうに、ホワイトボード専用のマーカーで、**その日の目標を文章で書き、**それを達成した自分をイメージしながら、１日の生活に励みます。内容は「数学の問題を３問解く」「〜の本を半分まで読む」など、１日でできる程度の目標にします。**１日の目標は、毎日書き換えます。**

目標を達成できれば、１日の終わりに自分にちょっとしたご褒美をあげてもいいでしょう。小さなことでも、それを実現したあとでは、あなたは新しい自分になっているのです。

歩み続けて、デッドポイントを超えよう

「デイリー宝地図」の1日目は、実は大きな第一歩です。大きな仕事を成し遂げられるかどうかは、はじめの一歩を踏み出せるかにかかっています。

マラソン用語に「デッドポイント」というものがあります。苦しみに耐えて走り続けると、ある地点から苦しさが消えてしまうのです。

これは、マラソン以外の多くのことにも当てはまります。はじめはつらくても、やり続けるうちにだんだんコツがつかめて、おもしろさがわかってきた、といった経験をお持ちの方も多いのではないでしょうか。やがて来るデッドポイントまで、となりで励ましながら伴走してくれるのが「デイリー宝地図」なのです。

「デイリー宝地図」は、ペースメーカーとしてあなたを夢のゴールまで導いてくれるでしょう。

Akiraのデイリー宝地図
4月25日21時達成！ヨッシャー！
・2次関数を3問解く
・英語長文読解を3問解く
・物理の公式を3つ覚える
ヤッター！東大医学部合格！
将来はスーパー外科医になる！

Essay of the Treasure Map

「夢実現」にまつわるエッセイ

4

「成功の女神」は行動した人に微笑む

トランプのゲームに「神経衰弱」があります。裏返しにしたカードを2枚ずつ表にし、数字が合えば自分のものにできるというゲームです。

ちなみに、このゲームの名前の由来は、一説には「メランコリー」という英語からきているとか（訳：落ち込んだ気持ち）。たしかに、ゲームの序盤では、なかなか同じ数字のカードを見つけることができず、まさに神経をすり減らします。

ところが、ゲームも中盤を過ぎるころには、どこに何のカードがあるのか少しずつわかってきます。トライ&エラーを繰り返すことによって、徐々に正解へと近づいていくのです。

そして、ゲームの終盤には、おおよそカードの位置を把握しているため、次から次へと正しいペアを引き当てることができるようになります。

この「神経衰弱」の特性は、人生における真理のある一面を示唆しているように思います。つまり、「行動しなければ結果は得られない」ということです。


失敗を恐れるあまり、行動ができない人が数多くいます。でも、たいていのことは、最初からうまくいくものではありません。何度も何度も失敗し、少しずつコツがつかめてくるのです。

さらに言えば、たとえ失敗しても、それを「失敗」と受け止める必要はありません。改善のチャンスととらえることだってできるのです。出来事そのものに意味はありません。意味づけは、あなた次第なのです。


人生の途中、なかなかうまくいかないと思える時期もあるでしょう。でも、あきらめずにトライし続けると、やがて加速度的に成功へと近づいていきます。

そう、行動した人に「成功の女神」が微笑むのです。

THE SECRETS OF THE "TREASURE MAP"

MAKING 90% OF YOUR DREAMS COME TRUE

THE SECRETS OF
THE "TREASURE MAP"
MAKING 90% OF YOUR
DREAMS COME TRUE

第5章

「宝地図」で夢をかなえた人、幸せになった人の物語

第5章
「宝地図」で夢をかなえた人、
幸せになった人の物語

1

生きる希望を失った私は「宝地図」のおかげで救われた！

腰塚勇人さんの場合

before
事故で体が動かなくなり、死のうと思った
after
命の尊さ、生きることの素晴らしさをみんなに伝えたい

生きる意欲も将来の希望も、「宝地図」が与えてくれた

２００２年3月1日。私は休暇を利用して、妻とスキーに出かけました。体育教師だったので腕には自信があったのですが、オーバースピードから雪上のコブに乗り上げ、地面にたたきつけられて……。

診断は、頚椎骨折。首の骨が折れたのです。

幸い手術は成功し、一命は取りとめたものの、首から下は完全に麻痺《まひ》。手足もまったく動きません。医師からは、寝たきりか車イスでの生活になると宣告されました。

「死んだほうがマシだ……」

絶望の淵《ふち》にいた私を救ってくれたのは、妻です。

「何があってもずっと一緒にいるから」と言ってくれました。あふれ出る涙と

ともに、父、母、職場の仲間、生徒たちの笑顔が次々と浮かんできました。

「私はひとりじゃない。生きなくちゃ！」

絶望しかなかった私の心に、過去への感謝と、未来への希望が少しずつ湧いてきました。懸命なリハビリを続けるうちに体が徐々に動くようになり、事故から4ヵ月後には退院。念願の仕事復帰を果たしました。

1 腰塚勇人さんの場合

あれから6年。私は望月俊孝先生のセミナーで「宝地図」に出合い、そして、病院でやっていたことは「宝地図」そのものだったと知り、驚きました。

妻に頼み、病院のベッドの横に学校の教室や生徒たちの写真を集めて、飾ってもらっていたのです。

それを毎日見ていると、「絶対によくなってみせる」「子どもたちの待つ教室に帰るんだ」という勇気が出てきました。イメージの中ではもう何度も、学校の教壇に立っていました。それが現実のものになったのです。

諦めていた子宝にも恵まれました。東京タワー、ディズニーランドなどの写

真を貼ったわが家の「宝地図」は、達成するたびに赤いリボンをつけます。その大事な役目をするのが、5歳になる長男です。

どんな状況下でも今いる場所を愛し、精いっぱい努力することで、自分もまわりも輝くことができる。誰でも太陽になれると思うのです。

この思いを、私は「命の授業」と題した「宝地図ムービー」に託しました。またたくまに口コミで話題となり、YouTubeや雑誌などを通じて、わずか1年足らずで30万人もの方々に見ていただきました。現在では日本語だけでなく、5ヵ国語に翻訳されるまでになっています。

　2010年5月には、書籍『命の授業』（ダイヤモンド社）が出版されました。実はこれも「宝地図」の中に夢として描いていたことです。さらに全国のTSUTAYAで私の講演DVDもレンタルされるようになり、ビートたけしさんがストーリーテラーのフジテレビ系の人気番組『奇跡体験！アンビリバボー』に取り上げられるなど、信じられない奇跡が続いています。

　私の体は立って歩けるまでに回復しました。しかし、手足のしびれや右半身の不自由さは一生涯続きます。
　それでも今、強がりではなく、このケガを神様からのギフトだと思っています。教師として、父として、命の大切さ、命の尊さ、生きることの素晴らしさ

腰塚勇人さんの「宝地図」

腰塚勇人さん プロフィール　「命の授業」提唱者。スキーでの大事故・全身マヒから社会復帰。希望と感動を与える講演活動を全国で開催中。

を伝えていけるのですから。

２０１０年4月に教壇を離れて独立しました。これからは「命の授業」を伝えていくことが、私の人生の仕事だと思っています。

私は神様にこの体を返すとき、伝える言葉を決めています。

「生かしてもらったこの体、自分らしく、幸せに使いきりました。ありがとうございました！」

第５章
「宝地図」で夢をかなえた人、
幸せになった人の物語

2

発達障害でも
社会で活躍することができる！

アズ直子さんの場合

before
仕事に行き詰まりを
感じ、人間関係も
うまくいかない
after
本を出版。
仕事も友だちも
爆発的に増えた

「宝地図」の本を読んだ数時間で思考がポジティブに

私と「宝地図」との本格的な出合いは、2010年の年末のことでした。偶然手に入れ、自宅の本棚に入れっぱなしにしていた「宝地図」の小冊子がふと目についたのです。

「これから乗る飛行機の中で読んでみよう」

そう思ってバッグの中に入れ、飛行機の中で繰り返し読みました。

私は、発達障害のために、「片づけることができない」「人づきあいがうまくいかない」などの問題で深く悩んでいました。当時は、それに加え、仕事でも行き詰まりを感じていました。

自分が何をしたらよいかわからず、はっきりとした夢を持つこともできない。ただ忙しさに追われるばかりで、「もう仕事を続けられないかもしれない」と思うほど、大きなプレッシャーにさいなまれていました。

でも、その小冊子には、まるで絵本を描くような楽しい手法で、大きな夢がかなっていく方法が書いてありました。

夢をかなえた人たちが出ていて、本当に幸せそうでしたし、ほかの人の幸せも願っていました。私はその様子を見て、「私もこの幸せの輪の中に入りたい」と強く願うようになりました。

すると不思議なことが起こりました。

その小冊子を繰り返し読んだほんの数時間の間に、極めてネガティブだった私の心が、劇的にポジティブに変わっていったのです。

2
アズ直子さんの場合

海外で新しい年を迎え、帰国後明るい気持ちで仕事に取り組もうとした2011年早々、いくつかのミラクルが起こりました。

〝ダメもと〟で提出していた出版企画書が出版社の目にとまり、なんと1ヵ月もしないうちにはじめての著作の出版が決定したのです。しかも企画はとてもスピーディーに進み、4月には店頭に並べたいという出版社の意向で、すぐに執筆に取りかかりました。

そんな最中、3月11日にあの東日本大震災が起きました。

私の住んでいる横浜に大きな被害はありませんでしたが、仕事にもプライベートにもさまざまな影響が出ました。不思議なことにまるで「大地震」のような大きなトラブルが仕事や人間関係で同時期に発生し、慣れない本の執筆もあいまって、心が折れかけてしまったのです。

そんなときに宝地図ナビゲーターの仲間がフェイスブックを通じて私を励ましてくれました。地震からの復興を願う「宝地図ムービー」を目にしたことで気持ちを立て直すこともでき、本を完成することができました。


執筆後も「参加すれば絶対にいいことがある」と、「宝地図」のセミナーに誘ってくれました。そこで、はじめて自分の「宝地図」を作ったところ、驚いたのは、作ったとおりに次々と夢がかなっていくこと。

本は処女作であるにもかかわらず全国で平積みされ、1ヵ月もたたないうちに増刷を繰り返し、講演会やメディア出演のオファーも相次ぎました。憧れだった著者の先生や有名なビジネスパーソンと、仕事でご一緒することもでき

2

アズ直子さんの場合

るようになりました。

旅が好きなので、そのイメージを「宝地図」に作り上げました。すると、その矢先に、日本中を旅してまわるような仕事が舞い込みました。思い描いていたとおりの展開に驚くばかりです。

「もうこれ以上、仕事を続けられないかもしれない」

あの絶望感を考えると、奇跡的な回復です。

何よりもうれしいことは、「宝地図」を通じて全国に友だちができ、日々喜びを分かち合えることです。

「幸せの輪」の中に入れたことに心から感謝しています。

アズ直子さんの「宝地図」

アズ直子さん プロフィール　発達障害を抱える著者、経営者。出版・講演活動などを行う。

第5章
「宝地図」で夢をかなえた人、
幸せになった人の物語

3

「宝地図」で理想のパートナーと出会えた！

石橋和泉さんの場合

before
30歳を過ぎて
ひとり暮らし。恋人が
できず結婚を諦める
after
理想のパートナーを
見つけ結婚。
幸せな毎日を送る

ひとりで生きていくため貯金を決意

私は理想の男性を「宝地図」で引き寄せました。

しかし、30歳を過ぎたころは結婚は諦めていました。ひとりで生きていこうと決め、そのために生きていくためのお金を貯めることにしました。けれど、ひとり暮らしの私には難しく、なかなかお金は貯まりませんでした。

「金銭的に自立しなければ」と、２００７年5月から経済や投資を学ぶための勉強会に参加。少しずつ、副収入を得る生活になりました。

その経済の勉強会で紹介され「宝地図」を知りました。学生時代はいろいろなものを当て、懸賞クイーンだった私は、「宝地図」を知って大興奮。物だけではなく自分の夢も引き寄せることができるかもしれない。一時は諦めていたけど、やはり自分の心の底からの願いは、生涯のパートナーと幸せに暮らすこと。やっぱり結婚がしたい……。

3
石橋和泉さんの場合

その年の7月、宝地図セミナーに参加することにしました。

本当に自分に合ったパートナーがほしい！　まずは、パートナー像を明確にするため、今まで考えたことのなかった「自分の理想のパートナー項目」を書き出してみました。

「温和で優しい人」「頼りになる人」「英語が話せる人」「笑顔のすてきな人」「誰もが認める特技を持っている人」など、自分のことはさておき（笑）、数えてみると26項目にもなりました。

「宝地図」で重要なのは期限。私は結婚の期限を決めました。つきあっている人はいませんでしたが、「2年後には結婚する」と決め、理想のパートナー項目と一緒に「2009年10月までに結婚！　おめでとうございます！」と書いて貼りました。結婚情報誌から切り抜いた幸せそうな新郎新婦のブーケトスシーンの写真もその横に追加しました。

「一生涯ひとりかも」と将来に対してずっと抱いていた不安は、「宝地図」をながめていると、「もしかしたら、理想のパートナーが現れるかも……」とウ

キウキした気持ちに切り替わりました。
白馬の王子様はまだ出会っていない人で、遠くからやって来ると思っていましたが、案外、近くにいました。
「宝地図」を作って2ヵ月後のことです。参加していた経済勉強会の友人が、勉強会の仲間のある男性の名前を挙げ、「お似合いだと思うよ」と言ってくれました。その男性こそ、今の主人、石橋です。彼とは、「宝地図」を作った2ヵ月前の5月にその勉強会で知り合っていました。
「そう言われてみると、彼は私の理想のパートナーにすべて当てはまっているかも……」と思ったちょうどその日、彼から「パートナーはいないのですか？」と聞かれ、「今、募集中です」と答えました。

その後、つきあうようになって、1年の交際を経て入籍。

驚いたことに、主人は理想のパートナー項目の26項目すべてに当てはまっていました。なかでも驚いた項目は、「誰もが認める特技を持っている人」。主人は「けん玉社会人日本一」になったことがあるほど、けん玉の達人でした。

2009年1月に入籍し、期限どおりの10月に結婚式を挙げました。主人も理想のパートナー像を書き出していて、私がすべてに当てはまっていたそうで

石橋和泉さんの「宝地図」

石橋和泉さん プロフィール 大のネコ好きの主婦。現在は自身の経験を活かし、幸せな結婚を望む女性たちにコンサルティング活動を実施中。

す。結婚してからも仲よくデートできる関係がいいと思っていました。

実際、結婚してからも、平日ランチに2人で出かけたり、よく海外旅行に行ったり、いつも2人で出かけて理想の生活をしています。主人と一緒にいると、本当に心が満たされ、お互いに心がつながっていると感じます。こんなに気が合う人と出会えて、とても幸せです。

「宝地図」の効果、すごいです！

「宝地図」、ありがとうございます。

第5章
「宝地図」で夢をかなえた人、幸せになった人の物語

4

念願の出版を果たし、記念講演会は大成功

是久昌信さんの場合

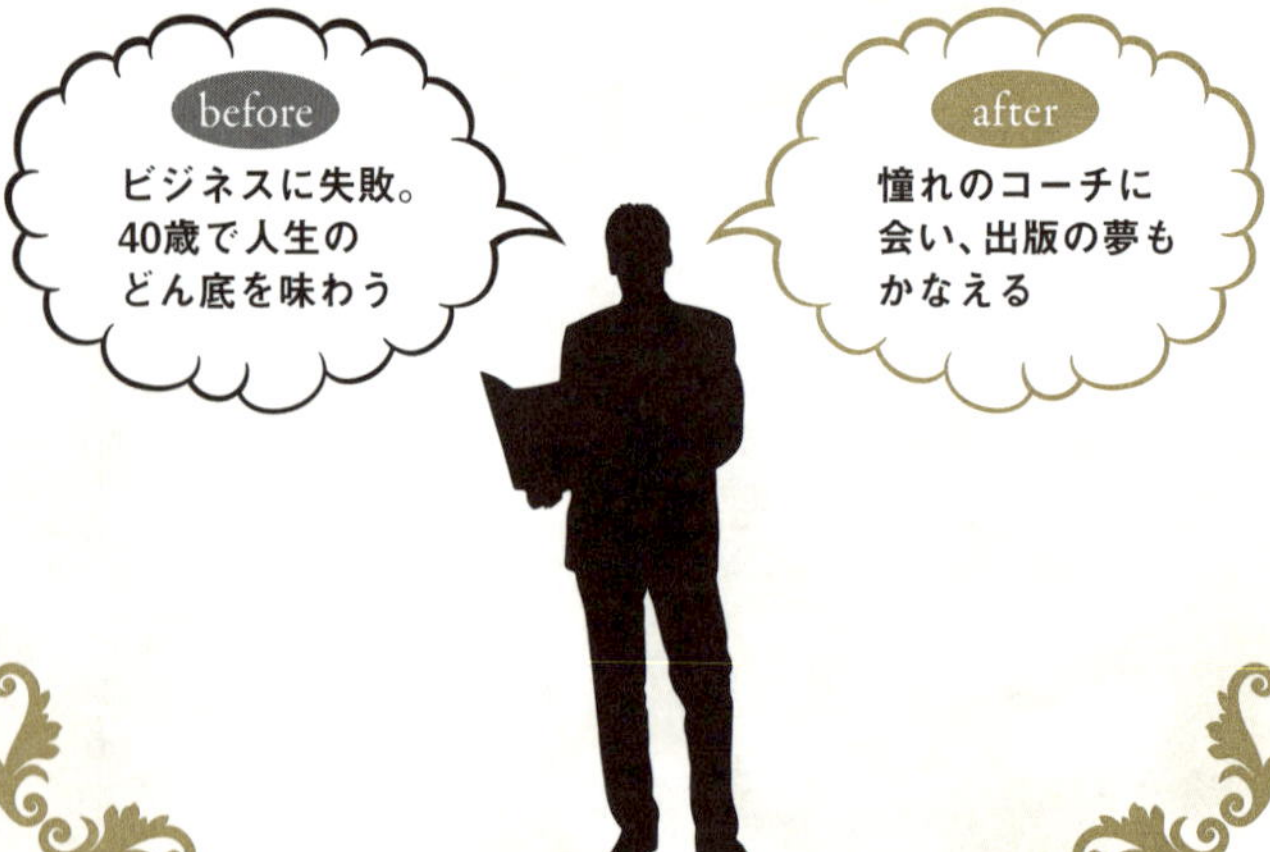
before
ビジネスに失敗。40歳で人生のどん底を味わう
after
憧れのコーチに会い、出版の夢もかなえる

夢はあったが「本気でかなえよう」としていなかった

「宝地図」に出合う前の私の人生は、挫折の連続でした。30歳で自分のそれまでの夢を諦め、新たにはじめたビジネスも40歳のときに大失敗。人生のどん底を味わいました。なんとかその状況から立ち直りたいとさまざまなセミナーに参加し、成功ノウハウを学びました。そんな中、あるセミナーで望月俊孝先生と出会いました。今から5年前のことです。

そのセミナーで「宝地図」の作り方を教えていただき、早速、作成に取り組みました。作りはじめたときは、正直、半信半疑。ゲーム感覚で作っていました。けれど、その作成の過程で大切なことに気がつきました。

「自分の夢」です。ハッとしました。「自分は夢を持っている」と思ってはいましたが、その夢を「本気でかなえよう」としてこなかったことに気づいたからです。セミナーなどで夢や目標について考え、目標を達成して夢をかなえよ

4
是久昌信さんの場合

うと頑張ってはいました。しかし、「自分の夢を明確にして、そこから目を離さずに行動する」ことはしてきませんでした。

それこそが、夢の実現が先延ばしになっている原因だとわかったのです。

そんなことを考えながら、「宝地図」に自分の夢の写真を自由に貼っていきました。できた瞬間、自分の夢が目の前のボードにハッキリと貼り出され、しかも、貼ったことにより、さらにワクワクとした気持ちが湧き起こり、夢を実現したようなうれしい気持ちになりました。

私の心はイキイキと夢への情熱を取り戻し、翌日から私はこの「宝地図」をみんなに見せたり、夢を話したりするようになりました。

そして、ボードに貼った、マラソン大会への参加や大型バイク・ボートの免許の取得を実現することで、「宝地図」の威力を実感するようになりました。

さらには、世界ナンバーワンコーチと呼ばれるアンソニー・ロビンズ氏と出会うという大きな夢も実現しました。これらはただ願望として頭の中で思っていただけでは、実現しなかったと思います。

なぜなら、時間やお金、現状のスケジュールなどを考えて、「今はちょっとそれを実現するのは無理かも」と考えてしまう状況に私がいたからです。

でも、その顕在意識よりも潜在意識のほうが「宝地図」のパワーに影響を受け、前向きな行動をさせてくれたのです。

実現した夢で何よりもうれしかったのは、本の出版でした。出版については夢としてボードには貼っていましたが、何も先が見えていませんでした。けれど、それがかなったのです。夢が実現するときは本当にドラマティックで感動的です。

海外で行われたアンソニー・ロビンズ氏のセミナーで再会した望月先生と「日本を元気にしよう」という目標を共有。そして、帰国してからブログで情報を発信していった結果、私の著書、『情熱思考』（中経出版）がこの世に生まれました。その出版記念講演会を東京で開催したとき、さらに「宝地図」の奇跡を私は体験しました。

5年前、私はボードの一番左上に100人規模の講演会で私がステージに

4

是久昌信さんの場合

立っている合成写真を貼っていました。
4年後の2010年、その出版記念講演会で、合成写真とまったく同じ状況が起こったのです。会場で撮影してもらった写真を見て鳥肌が立ちました。「願望は現実化する」のです。

この経験から、私はこれからも夢をどんどん実現していこうと思いました。

そして、ひとりでも多くの方に「宝地図」でワクワクの人生を生きてほしいと思います。とくに私と同世代の方々には、「夢をもう一度」と伝えたい。大人たちが夢をかなえていくドリーム・メーカーになって、子どもたちにも明るい未来を夢見てほしいからです。

是久昌信さんの「宝地図」

是久昌信さん プロフィール

心理セラピスト。『情熱思考』の著者。企業から個人事業家まで「最強のチームとリーダー」育成のセミナー、講演会を行っている。

第5章
「宝地図」で夢をかなえた人、
幸せになった人の物語

5

「宝地図」を見て自信を深め、フラの世界大会で優勝！

神村佳宏さんの場合

before
初出場した前年は
無冠で終わった。
悔しさをかみしめた
after
「宝地図」の写真と
「優勝！」が、
自信をくれた！

宝地図パワーで、踊る前から優勝が確信できた

２０１０年、ハワイでフラ（ダンス）の世界大会が開かれ、私の所属する沖縄のフラ教室「ハラウ　フラ　カラカウア」のチームが出場しました。

実は前年も出場したのですが、何のタイトルも取れませんでした。

フラの技術を磨くには、とにかく練習しかありません。とくに、大会3ヵ月前からはほぼ毎日、厳しい練習が続きました。こうした肉体的な練習とは別に、メンタル面からのアプローチも行っていました。

それが、「宝地図」です。

「宝地図」には、雑誌から優勝チームの演舞写真を切り抜いて貼り、マジックで「ハワイ世界大会優勝！」と書き込みました。そして目につくところに貼って毎日のように見ていました。すると、「今度の大会ではきっと優勝する！」という根拠のない自信が満ちあふれるようになり、大会当日まで続いたのです。

5

神村佳宏さんの場合

浦添の教室 フラ2冠

世界大会 3年連続V輩出

11月11日から3日間、ハワイのオアフ島ワイキキシェルで開かれたハリイアンフラの世界大会「第19回ワールド・インビテーショナル・フラ・フェスティバル」で、浦添市沢岻のフラ教室「ハラウ・フラ・カラカウア」(大田エコ師匠)の男女6人が、アウアナ(現代の踊り)とカヒコ(古典の踊り)の両部門で優勝に当たる「ローズ・カノラニ・ジョシュア賞」を獲得した。

同教室の優勝は、一昨年の男性ソロ、昨年の女性グループに続き3年連続。17日に帰郷し、那覇空港で家族らの祝福を受けた。

大会には、ハワイや世界国から招待された30チーム以上のダンサーが出場し、「コンバイン(男女混合)部で頂点に立ったのは、波津麻美さん＝与那原、神谷友紀さん、金城聖さん、神村佳宏さん＝以上那覇市、ポーリー高木正さん＝北中城村、新城慎郎さん＝北谷町＝の6人。現代曲で男女の恋物語をコミカルに演じ、古典部門ではハワイ8島を統一したカメハメハ1世を支えた、やりの名手たちを激しい舞いで表した。

高木さんは「本当の恋人同士のような仲の良さを、楽しく豊かに表現できた」と振り返った。大田さんは「本番ぎりぎりまで練習し、足はぼろぼろだったと思うが、よく頑張った」と教え子たちをねぎらった。

世界フラ大会で優勝し、記念の盾を手にする男女混合の6人(前列)と、大会に出場したメンバー＝17日、那覇空港

いよいよ、優勝チームの発表です。

「…ウラソエ、オキナワ、ハラウ フラ カラーカウアー！」

私たちのチームは、古典舞踊と現代舞踊の両方で優勝したのです。

その瞬間、とにかく喜びで頭が真っ白になりました。心の奥では「当たった～」という言葉が繰り返されていました。実際ハワイに行く前から感じていた不思議な感覚、なんら根拠のない自信。それが現実のものになった瞬間だったからです。

「宝地図」が届けてくれた「偉大なるギフト」だと私は思いました。

神村佳宏さんの「宝地図」

神村佳宏さん プロフィール

安定した公務員を辞め、人材育成会社を起業した沖縄生まれの情熱人。現在、宝地図コーチングを全国に広めるべく奮闘中。

第5章
「宝地図」で夢をかなえた人、
幸せになった人の物語

6

子どもたちに希望や夢を与える素晴らしいツール

鮫島秀己さんの場合

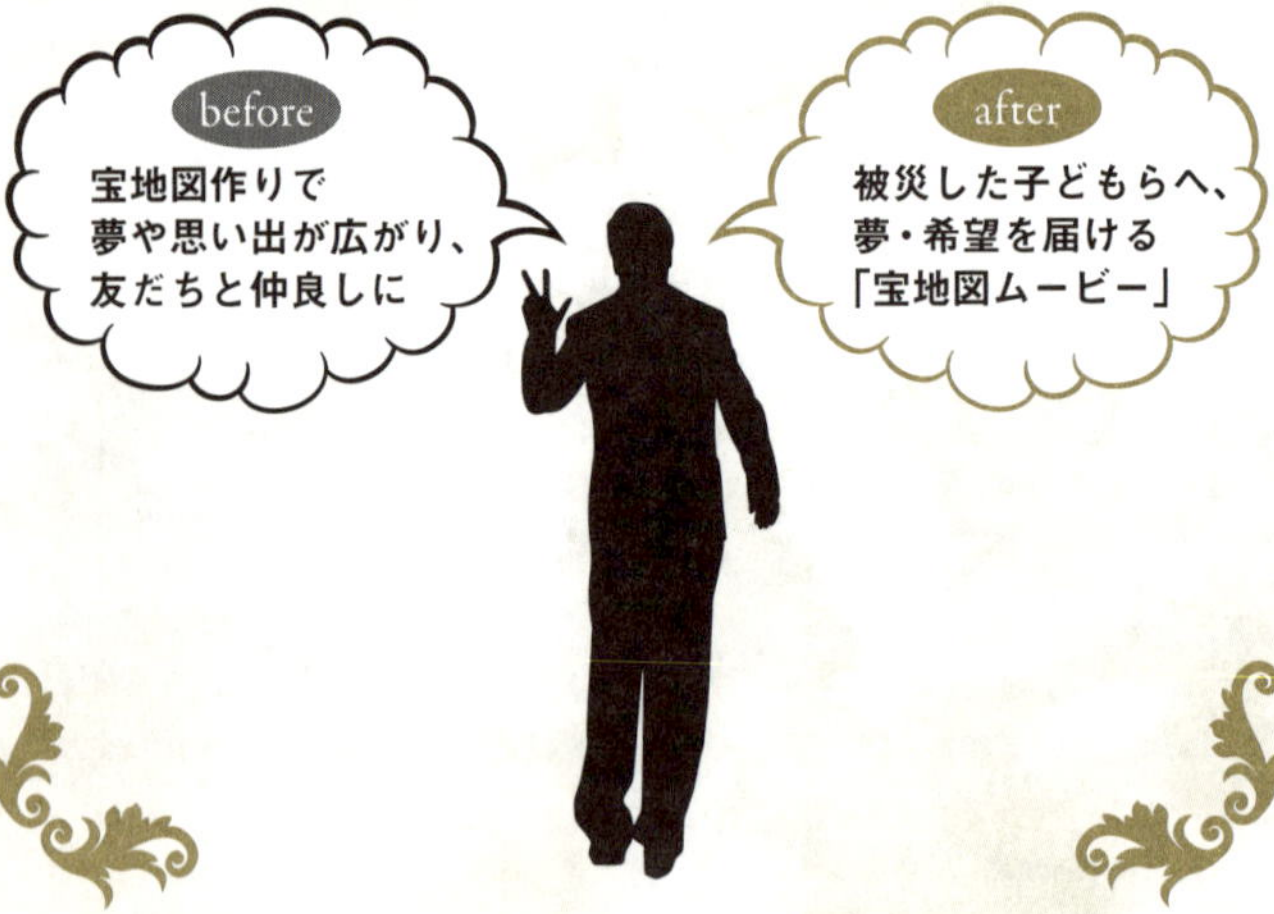
before
宝地図作りで
夢や思い出が広がり、
友だちと仲良しに
after
被災した子どもらへ、
夢・希望を届ける
「宝地図ムービー」

子どもたちが教えてくれた、宝地図作りの楽しさと効果

私が担当している大阪府和泉市立緑ヶ丘小学校の5年生は、２０１０年から「11歳のハローワーク」として、総合的な学習の中でのキャリア教育に取り組んできました。そして1年間の総まとめとして、「宝地図」に取り組むことになりました。「自分の将来の夢」「これまでの大切な思い出」「行きたいところ」などからひとつを選んで自分だけの「宝地図」を作り、学年最後の授業参観日に発表したのです。

5年生全体が夢と希望に包まれる、とてもすてきな参観になりました。子どもたちにとって「宝地図」は、①夢、思いが広がる、②友だち同士の交流が盛んになる、③子どもたちからの圧倒的な人気がある、ツールだからです。

さて、その後、東日本大震災が起きました。

私は小学校の教師として子どもたちに希望を伝えたいと考え、「宝地図ムー

6

鮫島秀己さんの場合

ビー」『あなたたちは一人じゃない』を作りました。

YouTube にアップすると反響を呼び、再生回数が1週間で46万７４５８回、1ヵ月では78万１８７９回と、多くの人がこれを見て感動し、口コミで広がりました。

私にとって「宝地図」や「宝地図ムービー」は自分の夢をかなえる道具であるだけでなく、子どもたちに希望や夢を与える素晴らしいツールとして、今後も学校教育に、そして個人の生活になくてはならないものとなってきています。本当に「宝地図」には感謝しています。

鮫島秀己さんの生徒の「宝地図」（上）と、鮫島学級の「宝地図」（下）

鮫島秀己さん プロフィール

鹿児島県出身。1973年生まれ。塾講師、少年院教官を経て、大阪で小学校教師に。ニックネームは情熱教師シャーク。

第5章
「宝地図」で夢をかなえた人、
幸せになった人の物語

7

国産グラブを世に広めるため啓蒙・宣伝活動に「宝地図」を

梅原伸宏さんの場合

before
グラブ産業の実情を
広めたい。でも、
どうしたらいい？
after
「宝地図」を描けば
描くだけ、描くうちに、
夢はかなう

本のとおりに「宝地図」を作ったら、願った以上に実現

２００３年、私は人生を変える大きなゴール（目標）を立てました。

①壊滅状態になった国産のグラブ産業の実情を日本中に広めて協力者を募る。

②グラブ職人や材料屋さんを守る。

③国産グラブ製造技術の啓蒙《けいもう》、並びに後継者の育成をしたい。

というものです。そのために、新聞に載る、テレビに出演する、本を書いて世に広めるなどの方法を考えましたが、どうやっていいのかわかりません。

そんなとき、望月先生の『図解 本当にあった！世界一簡単に夢を実現する宝地図』（三笠書房）の本に出合ったのです。私は時間があればこの本片手に喫茶店に行って紙に戦略を書き、モチベーションが上がったら会社に帰って、写真をボードに貼りました。すると、２００６年５月から野球専門誌での連載が決定したのです。２００７年８月には、日本初のグラブの本『グラブ・バイブル』（ベースボールマガジン社）を書くことも決まりました。

7
梅原伸宏さんの場合

復興ガンバロウ中学野球

大和郡山の会社　きょう、あす福島で大会

記念Ｔシャツを掲げる梅原さん（大和郡山市のＢＢＡアカデミーで）

大和郡山市のグラブ製造会社「ＢＢＡアカデミー」は27、28両日、福島県西会津町のさゆり球場などで、同県の中学3年生約100人を招いた「震災復興ガンバロウ中学野球交流大会」（読売新聞社など後援）を開く。

震災で野球道具を失った子供たちにグラブを送る活動をする同社代表の梅原伸宏さん(46)が、福島第一原発の影響などで満足に野球ができない子供たちのためにと企画した。

大会では、同県相馬市やいわき市などの中学3年生で4チームを結成し、他県の強豪チームを含む計6チームで総当たり戦を行う。両日、プロ野球の前西武投手の工藤公康さんや、東北楽天ゴールデンイーグルスの今関勝ジュニアコーチによる野球教室もある。

梅原さんは「スポーツには、みんなを明るくする力がある。高校でも野球を続けてもらうためのきっかけにしたい」と話している。

同社は記念Ｔシャツなどを販売しており、大会の運営費や野球道具などの購入に充てる。問い合わせは同社（0743・52・1405）。

東日本大震災　奈良発　支援情報

2010年にはお礼と報告を兼ねて望月先生のセミナーに参加しました。するとさらに効果はてきめん。念願だった娘とのグラブの絵本や、2作目のグラブの本が出版決定。望月先生との共著本まで出版できました。

震災後は、「世界中の子どもたちに楽しい思い出を作ってもらう」というG-LOVE活動のひとつとして、全国の先生方に呼びかけ、中古グラブ1500個、中古バット1000本、ボール300ダース以上を集め、手渡しで届けてきました。

今後もより多くの方に貢献できるように情報を発信していきます。

梅原伸宏さんの「宝地図」

梅原伸宏さん プロフィール

オンリーワン思考コンサルタント。グラブ博士として全国で講演。新聞・テレビに200回以上取材、掲載される。

第5章
「宝地図」で夢をかなえた人、
幸せになった人の物語

8

ダメセールスマンから
年商7億円の会社社長に

内田達郎さんの場合

before
貯金もなく、
営業活動をしても
門前払いの日々
after
一気にトップ
セールスマンになり、
起業も成功

憧れの輸入車、家族全員の海外旅行、夢が次々と実現！

数年前、飲食業界にいた私は、心機一転、保険のセールスの世界に飛び込みました。休日返上で営業をしましたが、門前払いを受け続けるうだつのあがらない毎日。貯金は底を尽き、子どもの学資保険にまで手をつけるありさまでした。ある日、ふらりと入った古本屋で私の人生を180度変えることになる1冊の本と出合いました。『図解 本当にあった！世界一簡単に夢を実現する宝地図』（三笠書房）です。

手に取りパラパラめくっただけでワクワクしてきました。すぐに購入し、本がバラバラになるまで何度も読んで、実際にパソコンで「宝地図」を作ってみました。作った「宝地図」を手帳にはさみ、毎日ながめていました。

すると、徐々に私の顔に笑みが戻り、お客様にも恵まれるようになって、なんと数ヵ月後にはトップセールスマンになっていました。

憧れの輸入車、家族全員での海外旅行、オーダーメイドのスーツ……。「宝

8
内田達郎さんの場合

地図」に貼った夢がどんどんかなっていきました。1年後、私は別人のように自信に満ちあふれ、全国の支社から講演の依頼が来るようになりました。メルマガの配信、セミナーの開催、執筆と、気がつけば成功者としての日々を送るようになったのです。

その後、再び、「宝地図」を作成。念願の独立、起業を果たしました。設立した会社は急成長を遂げ、創業3年で年商7億円。最愛の家族や最高の仲間に囲まれ、愛と感謝に満たされた毎日を過ごすことに成功しました。まさに「宝地図」が私の人生を変えたのです。今後も、夢をかなえていきます。

内田達郎さんの「宝地図」

内田達郎さん プロフィール

「インスピレーション DJ」「地球をごきげんにする活動家」「宝地図公認ナビゲーター」など多方面で活躍中。

Essay of the Treasure Map

「夢実現」にまつわるエッセイ

5

スティーブ・ジョブズが問いかけ続けた「究極の質問」

アップルコンピュータの創業者であり、iPhone、iPad などを世に送り出した故スティーブ・ジョブズ氏。

彼が30年以上、日課として毎朝鏡を見て自分に問いかけていた質問があります。それは、

「もし今日が自分の人生最後の日だとしたら、今日やる予定のことを私は本当にやりたいだろうか？」

というものです。

そしてもし答えが「NO」の日が何日も続くと、「そろそろ何かを変える必

要があるな」と考え、行動したそうです。

彼は、人生や会社の命運を決める重大な決断に迫られたとき、この言葉を手がかりとして、決断を下してきたそうです。その結果があれだけの影響力を、世界中に与えたのです。

そんなジョブズ氏がある大学で講演をしたとき、ひとりの女性と出会いました。彼には次の予定が入っていたため、彼女と連絡先を交換し、一度はその場を去りました。

しかし、校門を出ようとするとき、彼はこう自問します。

「今日が自分にとって最後の夜だったら……」

そうして引き返して、彼女と話をした。その彼女が、ジョブズ氏の奥さんです。

今日が人生最後の日だとしたら、あなたは何をしますか？

THE SECRETS OF THE "TREASURE MAP"

MAKING 90% OF YOUR DREAMS COME TRUE

THE SECRETS OF
THE "TREASURE MAP"
MAKING 90% OF YOUR
DREAMS COME TRUE

第6章

「動画」と「音楽」を使った「宝地図ムービー」

「動画」と「音楽」が「宝地図」の効果を数倍にする

「宝地図」を進化させた「強力な夢実現ツール」

「宝地図」を公開して以来、私は、全国の宝地図ナビゲーター（夢をかなえるための「宝地図」を公式にナビゲートするセミナー講師）とともに、「宝地図を発展・改良し、より使いやすく、より効果の高いものにしたい」と研究を続けてきました。

その一環として、2007年夏から**「宝地図」を「ムービー（スライドショー）」にして活用**しています。

「宝地図ムービー」は、**「写真」「音楽」「言葉」を動画にして、夢や幸せを現実化させる「成功ツール」です。**「宝地図」に「動画と音楽」が加わったことにより、夢が「本当にリアルなもの」として顕在意識と潜在意識に浸透するようになります。

「宝地図ムービー」を毎日見ているうちに、自分の夢や理想の幸せが、「現実に起こっている」かのように明確にイメージできるのです。

「宝地図ムービー」は、「宝地図」をさらに進化させた強力な夢実現ツールです。

もちろん、「宝地図」の魅力は色あせることはありませんが、「宝地図」と「宝地図ムービー」を併用すると、次のような効果が期待できます。

【効果1】

あなたに「かなえたい夢」があるのなら、**その夢に向かってやる気を継続的に高めることができ、セルフイメージを急速に向上させることができます**（「宝地図」と併用するとさらに効果が期待できます）。

【効果2】

あなたが「自信を持ちたい」のなら、**過去の自分を肯定し、自信に満ちあふれ、よりよい未来を確信する**ことができます。

【効果3】

家族や社員やパートナーと「深い絆を築きたい」のなら、あなたの愛の深さと日ごろの**感謝の思いを相手にしっかりと伝えることができます。**

【効果4】

あなたがビジネスをしているのなら、あなたの**支援者や熱狂的なファンを確実に作ります。**

【効果5】

結婚式や誕生日のお祝い、○○記念パーティーなど、プレゼントとしても最適です。サプライズで感動のムービーを贈られたら、**生涯忘れられない思い出**

となることでしょう。

「宝地図ムービー」を作り、それを繰り返し見る習慣が身につけば、強烈にあなたのやる気が高まり、行動力が引き出されていくことでしょう。

「夢ムービー」と「幸せムービー」で感謝にあふれた豊かな人生を

ビジョンを潜在意識にインプットする「夢ムービー」

「宝地図ムービー」は、かなえたい夢を映像化して、「夢実現のため」に作ることもできますし**（夢ムービー）**、あるいは「楽しい気持ちを呼び起こす画像」や「大切な人の画像」などを集めて、「人生に感謝」したり、「幸せを感じるため」に作ることもできます**（幸せムービー）**。

もちろん、「夢」と「幸せ」の両方をミックスしたムービーを作ることもできます。

「夢ムービー」は、「どのような夢を抱いているか」「将来のビジョンは何か」を自分の潜在意識に深く入れることができるので、楽しみながら夢をかなえることができるツールです。

また、まわりの人々に「自分の夢」を伝えることができるので、その中から「あなたの夢の支援者」が自然に生まれてきます。

【夢ムービーのメリット】

・将来のビジョンを潜在意識の中に入れることができる
・夢に向かって「楽しみながら行動が継続」できる
・「あなたの夢の支援者」が集まってくる
・仲よくなりたい人と、「仲よくするきっかけ」ができる
・自分が扱う商品を宣伝する「プロモーション用営業ツール」になる

感謝の気持ちが高まる「幸せムービー」

世の中には痛ましい事件があとを絶ちません。こういった悲しい出来事の原因として、「お互いの愛と信頼関係が育まれてこなかったこと」が大きいのではないかと私は思います。

愛と信頼を取り戻し、家族の絆を取り戻し、友情を育んだりすることが、今の世の中には必要なのではないでしょうか。

自分の家族、友人、恋人などの写真を散りばめて「幸せムービー」を作れば、**今の自分がいかに多くの人に愛されてきたのかを思い出せる**でしょう。

また、自分の大切な人のために「幸せムービー」を作り、誕生日や結婚式のお祝い、両親の結婚記念日などのプレゼントにすれば、その人の人生に幸福感を増やすことができるでしょう。

【幸せムービーのメリット】

・「愛」と「信頼」を取り戻せる
・友情を育むことができる
・まわりの人に「感謝の気持ち」を持ち、伝えることができる
・大切な人たちと「幸せ」や「感動」を分かち合うことができる

また、動画機能のある携帯電話やスマートフォン、ポータブルオーディオプレーヤーに取り込んでおけば、ムービーを持ち運ぶことが簡単にでき、通勤・通学の電車の中、トイレ、ベッド、入浴中など、いつでもどこでも「宝地図ムービー」を見ることができます。

たとえ、満員電車の中でさえ、まわりの方に迷惑をかけることなく、あなたにとってかけがえのない「幸せな空間」や「やる気を育む空間」を作り出すことが可能になるのです。

今すぐ、「簡易版・宝地図ムービー」を作ってみよう

携帯電話の「動画機能」で並べた写真を撮るだけ

ではさっそく、「簡易版・宝地図ムービー」を作ってみましょう。

「パソコンを持っていない」「いきなりパソコンで作るのは敷居が高い」という方のために、まずは「携帯電話やスマートフォンの動画機能」を使った「簡易版の宝地図ムービー」の作り方と使い方を紹介します。

【ステップ1】写真を集める

「自分の笑顔の写真」（あるいは、大切な人と一緒に写っている写真1枚）と、

「手に入れたいもの」や「なりたい自分」など、**実現させたい夢を連想させる写真**（5～10枚程度）を用意します。

すでに「宝地図」を作っている人は、その写真も用意しましょう。

「宝地図」では、「期限」や「条件」など、ビジュアルにするのがむずかしい項目については、「文字」で補足しました。

「簡易版・宝地図ムービー」でも「期限」や「条件」を明確にさせたい場合は、**「付箋にマジックで書いたもの」を写真に貼って、撮影**するといいでしょう。

【ステップ2】写真を並べる

写真を**「撮影する順番」**に並べます。

順番は、はじめに「自分の笑顔」、次に「手に入れたいもの」を時系列（一番早く手に入りそうなもの順）に並べるか、「一番ほしいもの」の順で並べていきます。

【ステップ3】音楽を流しながら、撮影する

「自分の好きな音楽」「気分が高揚してくる音楽」を利用して、少し、ボリュームを大きめにして流しましょう。

そして、携帯電話の**「動画機能」をオンにして、机の上に並べた写真を撮影**していきます（写真1枚につき、3～5秒撮影）。

携帯電話を写真に近づけながら撮影すると「ズームアップ」したように見え、より「動画らしく」見えるようになります。

【ステップ4】朝晩1回ずつ見る

「簡易版・宝地図ムービー」ができたら、最低でも、**「朝晩1回ずつ」は見る**ようにしましょう。

とくに朝、ムービーを見ると、1、2分でやる気が高まり、非常にいい1日のスタートを迎えることができます。多くの人が夢をかなえる習慣として自然に取り入れています。

「簡易版・宝地図ムービー」の作り方と使い方

ステップ1
写真を集める

・自分の笑顔の写真
・夢に関連した写真（5～10枚）

↓

ステップ2
撮影する順番に写真を並べる

・自分の笑顔→手に入れたいもの（一番ほしいもの）

↓

ステップ3
好きな音楽を流す

↓

撮影

↓

ステップ4
朝晩1回ずつ見る

「視覚」「聴覚」「体感覚」の3つの感覚に訴える

「VAK」の効果を存分に利用した「宝地図ムービー」

人に何かを伝えるときは、「視覚（Visual）」「聴覚（Auditory）」「体感覚（Kinesthetic）」の**3つの感覚を使う表現が含まれているのが理想的**だといわれています。

「感覚に訴える表現」は、とくに重要な視覚、聴覚、体感覚の三者の頭文字を取って、「VAKモデル」といわれています。

「NLP（神経言語プログラミング）」という心理学では、「V：視覚優位な人」「A：聴覚優位な人」「K：体感覚優位な人」などがいると考えられています。

人それぞれに「得意な感覚」があり、このバランスを配慮することで、コミュニケーションの質が格段に向上するのです。

「モンタージュ理論」が働いて、ストーリーができ上がる

「宝地図ムービー」では、**2分以内の短い時間の作品**を推奨しています。何回も繰り返し見ることがとても重要だからです。

「宝地図ムービー」は、短い時間ながら、しっかりしたストーリー性が保たれています。

なぜなら、「宝地図ムービー」が、映画業界で頻繁に使われている「モンタージュ理論」に裏づけされているからです。

「モンタージュ理論」とは、「いくつかの映像やカットを組み合わせて一連の意味づけをするという理論」のことです。

この理論の興味深いところは、いくつかの映像の組み合わせによって「映像

として表現されていない内容」までも伝えることができる点にあります。

たとえば、「ニコニコしている30代の男性の写真」があるとします。もし、

「きれいに包装されたプレゼントの写真」

←

「子どもたちの笑顔」

←

「ニコニコしている30代の男性の写真」

と並んでいたら、それを見た多くの人は、「お父さんの幸せそうな笑顔」とストーリーを頭の中で認識し、ほほ笑ましい気分になるでしょう。一方で、

「救急車」

←

「喪服の人たちの写真」

「ニコニコしている30代の男性の写真」

↓

と並んでいたなら、私たちは「若くして亡くなった男性」とストーリーを作り上げ、悲しい気持ちになるでしょう。

このように、「画像をつなげるだけ」で、**私たちの頭は「途中の意味」をつなぎ、自然にストーリーを作っている**のです。

「宝地図ムービー」でも、「モンタージュ理論」を活用します。

「自分の現在や過去の幸せそうな笑顔」でスタートし、「実現したことのある今までの夢に関連する写真」や「これからかなえていく夢や目標の写真」を入れ、最後に再び「自分の最高に幸せそうな写真」で締めくくるようにすると、あなたの頭の中では、「夢をかなえた幸せなストーリー」ができ上がります。

頭の中の「否定的な情報」を「肯定的な情報」に書き換える

一度頭に入った情報は、「潜在意識」に記録される

私たちは普段から、「莫大な量の映像や情報」にさらされています。そして、**一度頭に入った情報の多くは、自分自身で意識しようとしまいと、潜在意識に記録されてしまう**のです。私たちはこういった情報や映像の影響を受けて、人生の決断をしています。

テレビコマーシャルを見るたびに「ある商品に注目するように」促され、ニュースを見れば、報道される事件などの情報に、不安な気持ちや恐れの感情を増幅されています。

でもあなたが夢をかなえるには、限られた時間とエネルギーを何に注ぎ込むべきかを明確にし、そのために「情報を選別」することが重要です。

一般的に新聞やテレビなどで報道される情報の80％は、事件や事故、政治不信などの「否定的な情報」といわれています。

日々流される「否定的な情報」に洗脳されないためにも、「視覚」「聴覚」「体感覚」に訴える「宝地図ムービー」で、「自分が望む楽しい未来」をインプットしましょう。

ネガティブなものが頭に入ったままにしておくと、それが潜在意識の中へ入り込んでしまいます。でも、「宝地図ムービー」を見れば、すぐに夢や目標にフォーカスが切り替えられます。そして、夢の実現が潜在意識に落とし込まれます。夢をかなえている人は、何度も何度も潜在意識を書き換えているのです。

自分の「夢」と「幸せ」を連想させる写真と言葉を選ぶ

「気持ちいい」と感じるムービーを作ろう

この項では、パソコンを使った「宝地図ムービー」の作り方のポイントを紹介していきます。

「宝地図ムービー」は、使用する画像や音楽、編集の仕方、用途など、「作り方」に厳格なルールはなく、あなた自身が「気持ちいい」と感じることさえできれば、自由に作っていただいてもかまいません。

もしあなたが「幸せを得たい」のなら、それをいつでも連想させるムービーを作ればいいいし、「ツイてる人間」だと心から確信したいのならば、そのことを連想させるムービーを作ればいいでしょう。

ただ、「宝地図」に「最高の笑顔の写真」や「条件」「期限」などを貼りつけて効果を高めたように、「宝地図ムービー」にも、「こうすると、さらに夢の実現が加速する」という「作り方のコツ」があります。

はじめて「宝地図ムービー」を作るときは、「基本パターン」に従っていただくのがおすすめです。

【基本パターン】

①写真を選ぶ

画像を「10枚」選びます。1枚は、「自分の笑顔の写真」で、残りの9枚は、

・「仕事」
・「ほしいもの」
・「行きたい場所」
・「憧れの人」
・「人間関係・仲間」

・「家族」
・「健康・美容」
・「お金」
・「趣味」

の9つのテーマの中から、「自分の夢」を連想させたり、「家族、友人、恋人への感謝」や「自分が幸せだったとき」を想起させる写真を選んでください。

とくに**「今までで最高に幸せだったときのことを思い出させる写真」**を入れることをおすすめします（すべてのテーマを網羅する必要はありません。集められるテーマだけでも結構です）。

②言葉を考える

「宝地図ムービー」では、言葉と写真が、**「1：2の割合」**で流れていくのがバランスがいいと言われています。

基本的には「写真の内容を説明する言葉」が前にあって、そのあとに「言葉の内容を象徴する写真」が来る流れにしましょう。

「次々に夢がかなっている」
「2013年5月、みんなが集うカフェのオーナー」
「2015年、海の見える別荘」
「素晴らしい仲間に恵まれた人生」

など、「自分の夢がすでにかなっている言葉」や「幸せな人々に囲まれていることへの感謝の言葉」「自分の過去を承認する言葉」「自分に勇気を与えてくれる言葉」を考えましょう。

　まだ夢がかなっていない場合でも「〜できている」「夢がかなった状態である」というように表現してください。

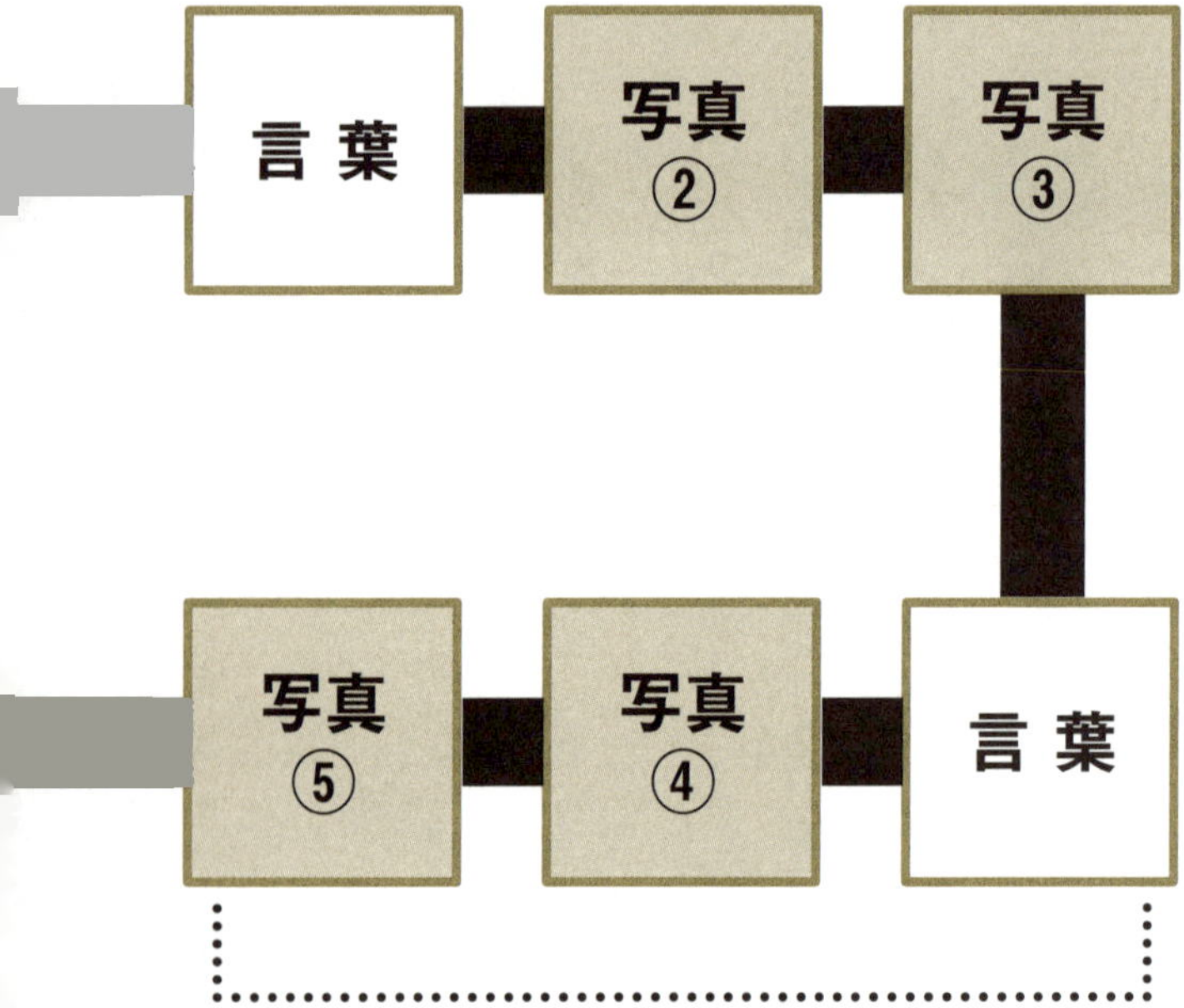

「写真」と「言葉」
2：1

「宝地図ムービー」の基本パターン

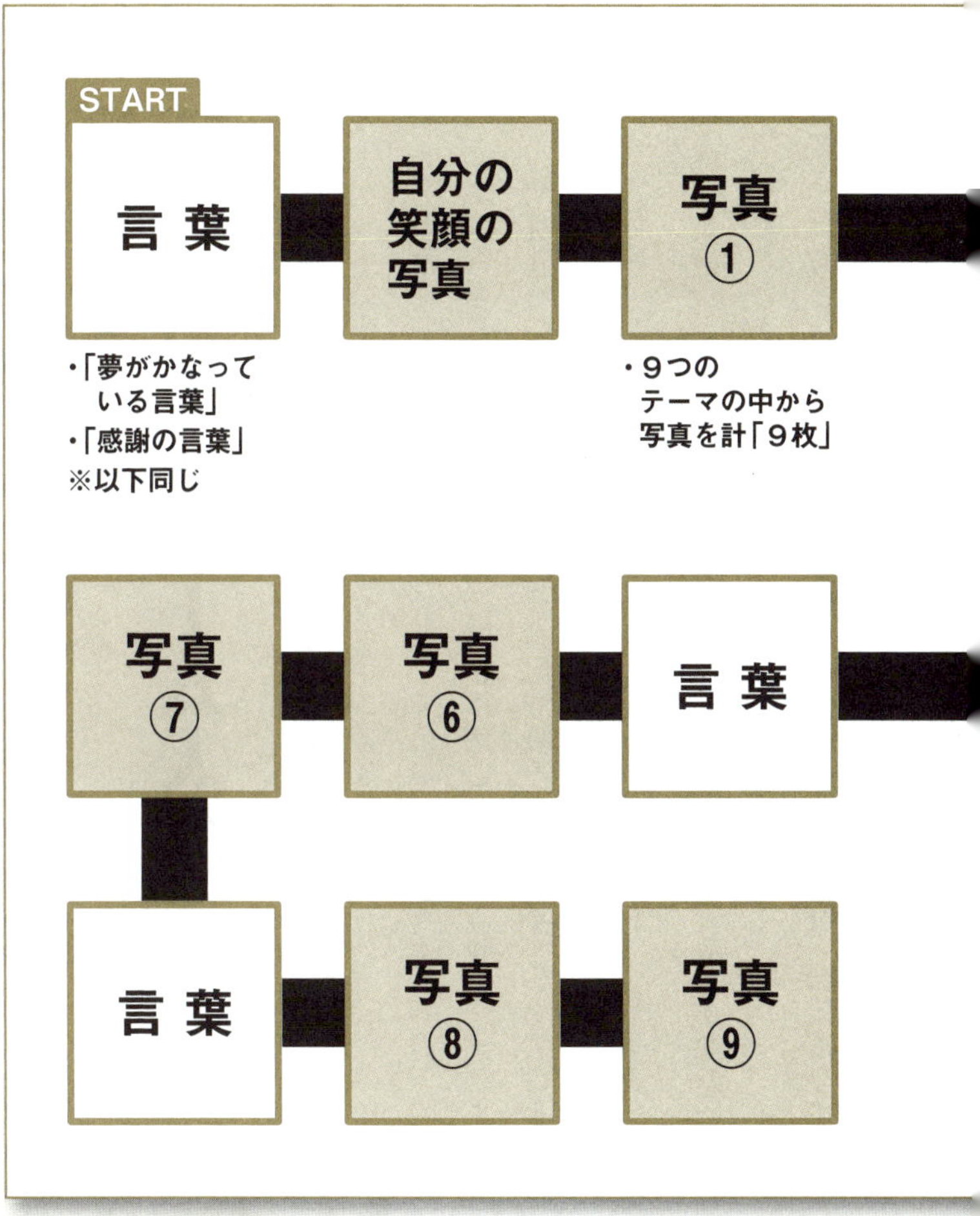
START
言　葉
・「夢がかなっている言葉」
・「感謝の言葉」
※以下同じ
自分の笑顔の写真
写真①
・９つのテーマの中から写真を計「９枚」
言　葉
写真⑥
写真⑦
言　葉
写真⑧
写真⑨

Essay of the Treasure Map

「夢実現」にまつわるエッセイ

6

目的を持たずに生きる人の「ピンボールゲーム人生」

あなたはピンボールゲームをやったことがありますか？　出てきた玉を弾くことでターゲットに当てて、点数を競うゲームです。

弾かれた玉はゲーム機の中をめまぐるしいくらい忙しく動きまわり、障害物にぶつかってはあちこちさまよい、最終的には落とし穴へと吸い込まれます。

これは、考えようによっては、目的や意図を持たない人生そのもののように見えてはこないでしょうか。

目的や意図を持っていないと、常にいろいろな誘惑にさらされ、あなたにとって本当に大切なことを忘れてしまいかねません。

テレビをつけると、さほどおもしろそうな番組でなくても、際限もなく見てしまう。目の前においしそうなものがあったら、あまりおなかがすいていなくてもつい手を伸ばす。ショーウインドウに飾ってある服がすてきだなと思ったら、衝動買いしてしまう。

こうして、時間もお金も浪費していき、気がついたときには本当に自分がやりたいことや重要なことをするエネルギーがすっかりなくなってしまうのです。

逆に、目的や夢を持つと、一つひとつの行動に意味が生まれ、目的地や夢の周辺に近づくようになります。

明確な目的や意図を持って生きていると、たくさんの情報の中から本当に必要なものをキャッチしやすくなります。また、同じような志を持つ仲間が増えてきます。すると、夢や目標を実現するスピードも、どんどん早まっていくのです。

あなたのまわりには、実はたくさんのチャンスが存在しています。それに気づくための第一歩は、自分が求めているものや大切にしたい価値観を明確にすることなのです。

THE SECRETS OF THE "TREASURE MAP"

MAKING 90% OF YOUR DREAMS COME TRUE

THE SECRETS OF
THE "TREASURE MAP"
MAKING 90% OF YOUR
DREAMS COME TRUE

第7章

「宝地図」8つのQ＆A

Q1

「宝地図」に書いたことは、どれくらいの割合で実現するのでしょうか？

A・コツさえ知れば、9割も夢ではない

どこまで本気で実現したいと思っているかによりますが、私が知る範囲では、**8割ぐらい**と思います。私個人としては、多少期限に遅れたものも入れれば、「100%に近い確率」で実現しています。

決して私が特別ということではなく、長い目で見れば誰でも8割くらいは実現すると思います。その確率を9割に高めるためには、ひとつ、コツがあります。それは、**自分のちょっとした変化を見つけて、それを褒めてご褒美をあげる**ということです。

「宝地図」で成果があった人に聞いてみると、多くの人が頻繁に自分自身の成功を褒めています。小さなことでも達成感を味わうことで、やる気と情熱が維持できます。そして、次第に自信がつき、夢を実現できるという確信が強まるのです。

Q2

ツキや自信がほしいです。「宝地図」を作れば、実現しますか？

A 「自信やツキを呼び込む宝地図」を作ろう

「宝地図」を作っても、夢を実現できそうな自信が持てないし、そんなツキもないと言う人がいます。そういう人は、**「自信やツキを呼び込む宝地図」**を作ることをおすすめします。

まずは、以下の3つを書き出します。

- **過去に成功したこと、実績を上げたこと**
- **過去にうれしかったこと、幸せだと感じたこと**
- **ツイていること、誇りに思っていること**

この3ついて、思いつくだけ書き出し、それを「宝地図」に書き込むのです。関連する写真があればなおいいでしょう。

書くのは大きな成功や幸せではなくとも、ちょっとしたことでいいのです。小さな喜びであっても、いつもその「宝地図」を見ていれば、やがて自信が湧き、ツキがまわってきます。

Q3

夢を実現する期限は、必ず入れなくてはいけませんか？

A 期限を書いたほうが、夢が実現しやすくなる

納期のない仕事はなかなか完成しません。逆に期限が迫ると一気にはかどるものです。

期限を決めると、「本気と行動のスイッチ」が入って、夢が実現しやすくなります。**期限はできるだけ書いてください。**期限までに実現できなかったらと、プレッシャーを感じて期限を書かない人もいますが、もし期限までに夢が実現できなかったとしても、悲観する必要はありません。

もう一度、「本当に実現したいことか?」と問いかけ、再度期限を決め直し、挑戦しましょう。

ただし、「今の状態を保ちたい」とか、「生涯かけて打ち込みたい」など、必ずしも期限を設ける必要がないものは、とくに決めなくてもかまいません。

Q4

夢を書いた「宝地図」でも、毎日見ていたら飽きてしまいませんか？

A リニューアルしつつ、心の声を聞いてみよう

「宝地図」を飾り続けていて、もしなんとなくマンネリや停滞感を感じたら、**「宝地図」をリニューアルしましょう。** 写真の位置を変えたり、文字を書き直したり、新しい写真や言葉を追加すると「宝地図」がよみがえってきます。「宝地図」のリニューアルで気持ちをリフレッシュさせ、夢に向かって新たな気分で行動できるようになります。

夢の実現に向かって行動し、夢に近づいているときは、「宝地図」を見ていても飽きることはあまりありません。現実が変わっているのでワクワクします。もし飽きるように感じたら、それは不適切な行動をしているか、今実現しようとしている夢が、あなたの価値観とずれている可能性があります。

飽きたように感じるのは、夢や目標を再確認したほうがいいというサインかもしれません。もう一度、「心の声」を聞いてみましょう。

Q5

「宝地図」を家の人に見られるのが恥ずかしい。どうすればいいですか？

A 「ミニ宝地図」を作ってこっそり見てもOK

「自分の夢や目標は秘密のものなので、家族にさえ見られたくない。だから、リビングなどの目につくところに宝地図を飾りたくない」と言う人もいます。

本当は、いろいろな人に見てもらって自分の夢を知ってもらったほうが協力を得やすいのですが、秘密にしたい場合もあるでしょう。そのときは無理に人に見せなくてもかまいません。

自分だけのものにしたい人は、**小さい「宝地図」を作って、手帳などにはさんで見る**ようにしましょう。サイズが小さいと書ける夢の数は限られるでしょうが、いくつも「ミニ宝地図」を作っておけばいいことです。

手帳でなくても、下敷きに入れたり、小型のアルバムなどに入れておいてもいいでしょう。また、携帯電話の待ち受けにするのもおすすめです。毎日何度も自分が「宝地図」を見ることで、行動力があふれてくるでしょう。

Q6

夢をイメージさせる写真が見つからない場合は、どうすればいいですか？

A 絵を描いたり、言葉でイメージを表現してみる

ぴったりした写真が見つからない場合は、**複数の写真のいろいろな部分を組み合わせて、イメージに近いものを作ってみてはどうでしょう。**

また、絵が描ける人なら、自分で夢が実現したときのイメージを描いてみるのもよいでしょう。

絵や工作は苦手だという人は、自分が夢を実現した姿を想像できるような言葉を書いてみましょう。

言葉を使うときに注意したいのは、ネガティブな表現を避けることです。たとえば、「借金を返したい」とか「病気を治したい」というのではなく「お金が入ってくる」「健康で元気でいられる」などの肯定語を使うようにしましょう。

Q7

「宝地図」を作れば、特別な才能がなくても夢が実現するのですか？

A 「成功できる」と信じた人が夢をかなえてきた

「宝地図」を作りさえすれば、「何もしなくても夢を実現できる」とはいいません。

しかし、「宝地図」を作れば、**今まで無駄に使っていたエネルギー、時間、お金などが、夢の実現に向けて使われる**ようになります。そして、あなたの「夢実現パワー」が何倍にもなります。

ところで、特別な才能がなければ夢は実現できないのでしょうか？

夢を実現してきた人たちがみな才能に恵まれていたかといえば、決してそんなことはありません。多くの成功者は、「自分は絶対成功できる」と信じて行動してきたから夢をかなえたのです。

また、宝地図作りをきっかけに、新たな才能を発揮して夢を実現し、活躍している人もたくさんいます。あなたもそのひとりになれるかもしれませんね。

第７章
「宝地図」８つのQ&A

Q8

夢が実現しましたが、
今ひとつ満足できません。
なぜでしょうか？

A 人を幸せにするような夢を描く

夢がいざ実現しても、さほど満足感が得られないことがよくあります。

そんなときは、自分自身に問いかけてみてください。

「あなたのかなえた夢は、誰かを幸せにしましたか？」

もし、あなたの夢が、あなただけの喜びにしかつながっていなければ、たとえそれがかなったとしても、心からの満足は得られないかもしれません。

人は、誰かの役に立ったとき、本当の喜びを感じるものです。

個人的な夢をかなえることも決して悪くはありませんが、それでも満足できないのであれば、次は誰かを幸せにするような夢や目標を設定しましょう。**あなたが夢をかなえたとき、たくさんの人が幸せになるのなら、あなた自身も心の底から幸せを感じることができる**でしょう。

さらに言えば、幸せというのは、自分の外に求めるものではなく、自分自身の中にあるものです。今の幸せに気づくことこそ、幸せへの一番の早道です。

Essay of the Treasure Map

「夢実現」にまつわるエッセイ

7

すべてはひとりの小さな想像から

あなたの小さな想像は大きな創造を生む可能性を秘めています。

人間が作ったもののすべては、最初はひとりの人間の想像から生まれています。今、あなたの目の前にあるもののほとんどは、最初は誰かの頭の中に浮かんだ思いつきにすぎないのです。

はじめは、幻想だとか、できるわけないとか、さまざまなことを言われたりしたかもしれません。

でも、

「こんなのがあればいいだろうな〜」

「こんなものがあれば便利だろうな〜」

「こんなことができれば楽しいだろうな〜」

「こんなふうになれば幸せだろうな〜」

「こんなことができれば喜ばれるだろうな〜」


そういった思いの積み重ねが、人類の文化・文明を作り上げてきたのです。


できるかどうかは、はじめてみなければわかりません。

自分ひとりの力ではできなくても、誰かからインスピレーションをもらったり、思いがけない協力者が現れることだってあります。

たとえ、その人が生きているうちに達成できなくても、その思いに感銘を受けた誰かが現実化してくれるかもしれません。


ある人がはじめなければ、誰かが一からはじめなければならない。

誰かが受け継がなければ、次の世代に渡せない。

現実も大事にしながら、それでも未知のことにも挑戦したいものですね。

おわりに

さぁ、一歩を踏み出しましょう！

最後まで本書をお読みいただき、ありがとうございます。

ただ、ここから先がもっとも重要です。いくら知識を詰め込んでも、使わなければ何の意味もありません。

さっそく、「宝地図」を作りはじめましょう。少なくとも、あなたが手に入れたいものや夢の写真を目につくところに貼り出しましょう。

繰り返しますが、「宝地図」を作るたった1、2時間の投資が、あなたの人生を劇的に変えていきます。20年前の私がそうだったように、ちょっとした小さなきっかけを活かした人が、夢をかなえるのです。面倒になったり、ついつい時間が経ってやる気がなくなってしまっては、もったいないと思います。

「宝地図」とともに、メンターや仲間のサポートがあると、夢に向かって行動し続けられます。私は勉強会などに参加することで仲間が見つかり、どれだけサポートになったかわかりません。

夢の実現をサポートするために、『望月俊孝の夢を叶える激励メール』(無料)やさまざまな特典を無料でプレゼントしています。本書をお読みになった読者の方々に限定のプレゼントもご用意していますので、ぜひ活用してみてください。そして一緒に夢をかなえていこうではありませんか!

http://www.takaramap.com/115/

最後になりましたが、本書ができあがるまでに本当に多くの方々にご協力、ご支援いただきました。とくに中経出版の清水静子さん、クロロスの藤吉豊さん、斎藤充さん、イラストレーターの百花ミナオさん、ビジネス・パートナーの太田隆治さんには本書の企画から完成までご尽力いただき、心より感謝申し上げます。

著者

〔著者紹介〕

望月　俊孝（もちづき　としたか）

宝地図提唱者。レイキ（気功法）ティーチャー。フォトリーディング・インストラクター。

1957年山梨県生まれ。上智大学法学部卒。中学時代より、イメージ・トレーニング、成功哲学、瞑想法などに興味を持ち、独自に研究をはじめる。能力開発セミナー会社などを経て、独立するも失敗し、多額の借金をかかえる。再就職した会社も１年で突然リストラされる。しかし、宝地図とレイキによって短期間のうちにＶ字回復を果たし、次々と夢を叶えていく。セミナー＆通信販売会社ヴォルテックスを1991年に設立。現在、宝地図、レイキ、フォトリーディングを主体とする人材教育に携わる。20年間で22万人に直接指導。

著書に、『「お金と幸せの宝地図」DVDブック』『飾るだけで夢が叶う「魔法の宝地図」』（いずれもマキノ出版）、『親と子の夢をかなえる宝地図』（プレジデント社）、『夢をかなえる習慣力』（実業之日本社）、『幸せの法則』『100％夢をかなえる人の習慣』（いずれも中経出版）『桂由美 望月俊孝のシンデレラマップ』（シンコーミュージック・エンタテイメント）など、共著・監修書多数。累計65万部、５カ国語に翻訳。

本書の内容に関するお問い合わせ先
中経出版編集部　03(3262)2124

9割夢がかなう宝地図の秘密　（検印省略）

2011年11月15日　第１刷発行

著　者　望月　俊孝（もちづき　としたか）
発行者　安部　毅一

発行所　㈱中経出版
〒102-0083
東京都千代田区麹町3の2 相互麹町第一ビル
電話　03(3262)0371（営業代表）
03(3262)2124（編集代表）
FAX 03(3262)6855　振替 00110-7-86836
ホームページ　http://www.chukei.co.jp/

乱丁本・落丁本はお取替え致します。
DTP／クロロス　印刷／加藤文明社　製本／越後堂製本

©2011 Toshitaka Mochizuki, Printed in Japan.

ISBN978-4-8061-4203-4　C2034